INGLÉS
Sin maestro
PARA ESTUDIANTES

Mónica Stevens

INGLES
Sin maestro
PARA ESTUDIANTES

SELECTOR
actualidad editorial

INGLES SIN MAESTRO PARA ESTUDIANTES

D.R. © 1988, Compañía General de Ediciones, S.A. de C.V.
Mier y Pesado 128, Col. Del Valle, 03100 México, D.F.

Edición al cuidado de José Francisco Hernández
Portada: Sergio Osorio
Ilustraciones: Mario Ramírez
Diagramación: Laura Trejo
Tipografía: Compuvisión, S.A.
Formación: Armando García y Manuel Quiroz

ISBN: 968—403—328—1

Cuadragésima reimpresión. Enero 2013.

INDICE

INGLES

Sin maestro

PARA ESTUDIANTES

A LOS PADRES DE FAMILIA

Hemos elaborado este libro para la enseñanza de inglés enfocado a los niños, con cuentos como La cenicienta y Los tres ositos que ayuden a ilustrar las reglas gramaticales que hemos tratado de simplificar al máximo, de modo que sean de la total comprensión del infante. También hemos modificado la fonética de modo que la pronunciación que se encuentra al margen derecho de todas las hojas no contenga símbolos difíciles sino únicamente las mismas letras que el niño utiliza en español. Este primer libro de inglés contiene también canciones y poemas (como el popular "Happy Birthday" y "La Viejecita del Zapato") que proporcionan vocabulario adicional y hacen el aprendizaje del inglés más divertido y apropiado para niños.

Nos permitimos recordarles que en inglés no existen los acentos y que los signos de puntuación, como signos de interrogación y de exclamación (?!), solamente van al final de la oración y no tanto al principio como al final como ocurre en español.

MIS PRIMERAS

PALABRAS EN INGLES

PRONUNCIACION

GOOD MORNING
(Buenos días)

Gud mórning

GOOD AFTERNOON
(Buenas tardes)

Gud afternún

GOOD NIGHT
(Buenas noches)

Gud nait

THANK YOU
(Gracias)

Thénkiu

YOU'RE WELCOME
(De nada)

Yur wélcom

YES
(Sí)

Yes

NO
(No)

Nou

10

PRONUNCIACION

YES, THANK YOU
(Sí, gracias)

Yes, thénkiu

NO, THANK YOU
(No, gracias)

Nou, thénkiu

PLEASE
(Por favor)

Plis

I
(Yo)

Ai

YOU
(Tú)

Yu

MY
(Mi)

Mai

YOUR
(Tu -posesivo-)

Yur

AND
(Y)

And

HELLO!

¡HOLA!

PRONUNCIACION

MY NAME IS MARY.
(Mi nombre es María.)

Mai neim is Meri.

WHAT IS YOUR NAME?
(¿Cuál es tu nombre?)

Juat is yur neim?

ARE YOU MEXICAN?
(¿Eres mexicano?)

Ar yu Mécsican?

YES, I AM MEXICAN.
(Sí, soy mexicano.)

Yes, ai am Mécsican.

NO, I AM NOT MEXICAN.
(No, no soy mexicano.)

Nou, ai am not Mécsican.

WHERE DO YOU LIVE?
(¿Dónde vives?)

Juer du yu liv?

I LIVE IN MEXICO CITY.
(Yo vivo en la Ciudad de México.)

Ai liv in Mécsicou Citi.

PRONUNCIACION

AND YOU?
(¿Y tú?)

And yu?

I LIVE IN MONTERREY.
(Yo vivo en Monterrey.)

Ai liv in Monterrey.

HOW OLD ARE YOU?
(¿Cuántos años tienes tú?)

Jáo ould ar yu?

I AM TEN YEARS OLD.
(Tengo diez años.)

Ai am ten yiers ould.

DO YOU SPEAK ENGLISH?
(¿Hablas inglés?)

Du yu spic ínglishh?

YES, I SPEAK ENGLISH.
(Sí, yo hablo inglés.)

Yes, ai spic ínglishh.

NO, I DO NOT SPEAK
ENGLISH.
(No, yo no hablo inglés.)

Nou, ai du not spic ínglishh.

I WANT TO LEARN.
(Yo deseo aprender.)

Ai want tu lern.

VOCABULARY

VOCABULARIO

	Traducción	**Pronunciación**
Name	nombre	*neim*
is	es	*is*
What	qué	*juat*
Where	dónde	*juer*
live	vivir	*liv*
City	ciudad	*citi*
in	en	*in*
How	cómo	*jáo*
old	viejo	*ould*
ten	diez	*ten*
years	años	*yiers*
speak	hablar	*spic*
English	inglés	*ínglishh*
want	querer, desear	*want*
learn	aprender	*lern*

PRACTICE

PRACTICA

PRONUNCIACION

WHAT IS YOUR NAME?
(¿Cuál es tu nombre?)

Juat is yur neim?

MY NAME IS _____ .
(Mi nombre es _____ .)
¡PON TU NOMBRE AQUI!

Mai neim is

IS YOUR NAME GEORGE?
(¿Es tu nombre Jorge?)

Is yur neim Yorch?

NO, MY NAME IS NOT
GEORGE.
(No, mi nombre no es Jorge.)

Nou, mai neim is not Yorch.

YES, MY NAME IS
GEORGE.
(Sí, mi nombre es Jorge.)

Yes, mai neim is Yorch.

ARE YOU AMERICAN?
(¿Eres americano?)

Ar yu American?

NO, I AM NOT AMERICAN
(No, no soy americano)

Nou, ai am not American

I AM MEXICAN.
(Soy mexicano)

Ai am Mécsican.

DO YOU SPEAK
ENGLISH?
(¿Hablas inglés?)

Du yu spic inglishhh?

PRONUNCIACION

NO, I DO NOT SPEAK
ENGLISH.
(No, no hablo inglés.)

Nou, ai do not spic inglishhh.

I SPEAK SPANISH.
(Yo hablo español.)

Ai spic spanishhh.

DO YOU LIVE IN TEXAS?
(¿Vives en Texas?)

Du yu liv in Técsas?

NO, I DO NOT LIVE IN
TEXAS.
(No, yo no vivo en Texas.)

Nou, ai du not liv in Técsas.

YES, I LIVE IN TEXAS.
(Sí, yo vivo en Texas.)

Yes, ai liv in Técsas.

WHAT DO YOU WANT TO
LEARN?
(¿Qué quieres aprender?)

Juat du yu want tu lern?

I WANT TO LEARN
ENGLISH.
(Yo quiero aprender inglés.)

Ai want tu lern inglishhh.

17

MY NEW FRIEND

MI NUEVO AMIGO

PRONUNCIACION

"LOOK, MOTHER, LOOK!"
(¡Mira, mamá, mira!)

" Luc, moder, luc!"

"LOOK AT THAT BOY!"
(¡Mira a ese niño!)

"Luc at dat boi!"

"DO YOU KNOW HIM?"
(¿Lo conoces?)

"Du yu noù jim?"

"YES, I KNOW HIM."
(Sí, lo conozco.)

"Yes, ai nou jim."

"WHAT IS HIS NAME?"
(¿Cuál es su nombre?)

"Juat is jis neim?"

"HIS NAME IS CARLOS."
(Su nombre es Carlos.)

"Jis neim is Carlos."

"IS HE NEW HERE?"
(¿Es nuevo aquí?)

"Is ji niú jier?"

PRONUNCIACION

"YES, HE IS NEW HERE."
(Sí, es nuevo aquí.)

"Yes, ji is niú jier."

"IS HE YOUR FRIEND?"
(¿Es tu amigo?)

"Is ji yur frend?"

"YES, HE IS MY FRIEND."
(Sí, él es mi amigo.)

"Yes, ji is mai frend."

"WE WILL GO TO SCHOOL
TOGETHER."
(Iremos a la escuela juntos.)

"Wi wil gou tu scul
tugueder."

"WHY WILL YOU GO TO
SCHOOL TOGETHER?"
(¿Por qué irán a la escuela juntos?)

"Juai wil yu gou tu
scul tugueder?"

"BECAUSE CARLOS AND I
ARE FRIENDS."
(Porque Carlos y yo somos amigos.)

"Bicós Carlos and ai
ar frends."

VOCABULARY

VOCABULARIO

	Traducción	**Pronunciación**
My	mi	mai
new	nuevo	niú
friend	amigo	frend
look	mirar, mira	luc
that	ese	dat
boy	niño	boi
know	conocer	nou
him	a él	jim
name	nombre	néim
what	qué	juát
here	aquí	jíer
school	escuela	scul
together	juntos	tuguéder

PLURALS

PLURALES

El plural en la mayoría de las palabras en inglés se forma agregando una "S" al final de la palabra (al igual que en español).

Ejemplo:

Singular	Plural	Traducción	Género
cat	cats	gatos	
flower	flowers	flores	
boy	boys	niños	masculino

SIN EMBARGO, hay otras palabras que forman su plural muy diferente. Aquí hay una lista de ellas:

Ejemplo:

Singular	Plural	Traducción	Pronunciación
goose	geese	ganso, gansos	(gus, guís)
foot	feet	pie, pies	(fut, fit)
ox	oxen	buey, bueyes	(ox, óxen)
child	children	niño, niños	(chaild, children)
man	men	hombre, hombres	(man, men)
woman	women	mujer, mujeres	(wúman, wímen)
tooth	teeth	diente, dientes	(tud, tid)
mouse	mice	ratón, ratones	(maus, maɪs)

En las palabras que forman su plural agregando sólo una "S", existe una variación. Si la palabra termina originalmente en "y", entonces se cambiará esa "y" por "i" agregándose "es".

Ejemplo:

Singular	Plural	Traducción	Pronunciación
Family	Families	Familia, Familias	fámili, fámilis
Enemy	Enemies	Enemigo, enemigos	énemi, énemis
Puppy	Puppies	cachorrito, cachorritos	pópi, pápis.

El plural de algunas palabras se hace agregando "es".

Ejemplo:

Singular	Plural	Traducción	Pronunciación
Tomato	Tomatoes	Jitomate, Jitomates	tomeitou, tomeitous
Potato	Potatoes	Papa, papas	poteito, poteitos

Otras palabras simplemente no cambian en plural, son iguales que en singular.

Ejemplo:

Singular	Plural	Traducción	Pronunciación
Sheep	Sheep	oveja, ovejas	ship, ship
news	news	noticia, noticias	niús, niús

El plural de las palabras terminadas en "y" se forma de dos maneras.
Si la palabra lleva una VOCAL antes de la "Y", entonces sólo se agregará una "S".

Ejemplo:

Turkey+s = Turkeys (pavo, pavos)

> **Si la palabra lleva una CONSONANTE antes de la "Y", la "Y" cambiará por "I" más "ES".**

Ejemplo:
BABY cambia a BABI+ES = BABIES (bebé, bebés)

> **El plural de las palabras terminadas en "LF" se forma cambiando la "F" por "V" y agregando "ES".**

Ejemplo:
CALF cambia a CALV +ES =CALVES (becerro, becerros)
YOURSELF cambia a YOURSELV + ES = YOURSELVES
        (Tú mismo, ustedes mismos)
HALF cambia a HALV +ES = HALVES (mitad, mitades)

> **El plural de las palabras terminadas en sonidos "SHHH" o "CH" se forma agregando simplemente "ES".**

Ejemplo:
CHURCH +ES = CHURCHES (iglesia, iglesias)
WISH + ES = WISHES (deseo, deseos)

Algunos Plurales

SINGULAR	PLURAL	TRADUCCION	PRONUNCIACION
lady	ladies	dama, damas	léidi, léidis
gentleman	gentlemen	caballero, caballeros	yéntelman, yéntelmen
sheep	sheep	oveja, ovejas	ship, ship
man	men	hombre, hombres	man, men
woman	women	mujer, mujeres	wúman, wímen
there is	there are	hay uno, hay varios	der is, der ar
house	houses	casa, casas	jaús, jaúses
child	children	niño, niños (mixto)	cháild, children
foot	feet	pie, pies	fut, fit
tooth	teeth	diente, dientes	tud, tid
tree	trees	árbol, árboles	trí, trís
doll	dolls	muñeca, muñecas	dol, dols
chair	chairs	silla, sillas	cher, chers
table	tables	mesa, mesas	téibol, téibols
body	bodies	cuerpo, cuerpos	bódi, bódis
face	faces	cara, caras	féis, féises

(continuación)

SINGULAR	PLURAL	TRADUCCION	PRONUNCIACION
suitcase	suitcases	maleta, maletas	súkeis, súikeises.
wife	wives	esposa, esposas	wáif, wáivs
knife	knives	cuchillo, cuchillos	naif, náivs
yourself	yourselves	tú mismo, uds. mismos	yurself, yursélvs
myself	ourselves	yo mismo, nosotros mismos	maiself, aursélvs
himself	themselves	él mismo, ellos mismos	jimsélf, demsélvs
ox	oxen	buey, bueyes	ox, óxen
sandwich	sandwiches	sandwich, sandwiches	sándwich, sándwiches
baby	babies	bebé, bebés	béibi, béibis
journey	journeys	viaje, viajes	yérni, yérnis
mouse	mice	ratón, ratones	máus, máis
calf	calves	becerro, becerros	caf, cavs
turkey	turkeys	pavo, pavos	térki, térkis
wish	wishes	deseo, deseos	wish, wíshes

PRACTICE

PRACTICA

PRONUNCIACION

HOW MANY FEET DO YOU HAVE?
(¿Cuántos pies tienes?)

Jáo meni fit du yu jav?

I HAVE TWO FEET.
(Tengo dos pies.)

Ai jav tú fit.

ONE RIGHT FOOT AND ONE
LEFT FOOT.
(Un pie derecho y un pie
izquierdo.)

Uan rait fut and uan
left fut.

WHAT IS THE PLURAL OF
GOOSE?
(¿Cuál es el plural de ganso?)

Juát is de plúral of gús?

IT IS "GEESE"
(Es "gansos".)

It is "guís".

HOW MANY PEOPLE ARE IN
THE ROOM?
(¿Cuántas personas hay en el
salón?)

Jáo meni pípol ar in
de rum?

THERE ARE SEVEN MEN
AND TWO WOMEN.
(Hay siete hombres y dos
mujeres.)

Der ar séven men
and tú wímen.

WHICH IS THE PLURAL OF LADY?
(¿Cuál es el plural de
dama?)

Juích is de plúral
of léidi?

27

PRONUNCIACION

IT IS "LADIES".
(Es "damas".)

It is "léidis".

WHICH IS THE PLURAL
OF GENTLEMAN?
(¿Cuál es el plural de
caballero?)

Juích is de plúral
of yéntelman?

IT IS "GENTLEMEN".
(Es "caballeros".)

It is yéntelmen.

28

MY FACE

MI CARA

I LIKE MY FACE.
(Me gusta mi cara.)

Ai laic mai feis.

MY FACE IS VERY IMPORTANT.
(Mi cara es muy importante.)

Mai feis is veri impórtant.

IT SHOWS WHEN I
AM ANGRY.
(Ella muestra cuando
estoy enojado.)

It shous juén ai am ángri.

IT SHOWS WHEN I AM
HAPPY, TOO.
(Muestra cuando estoy
contento, también.)

It shous juén ai am jápi, tú.

MY FACE HAS ONE
FOREHEAD,
(Mi cara tiene una frente,)

Mai feis jas uan fórjed.

TWO EYES,
(Dos ojos,)

Tú ais.

PRONUNCIACION

ONE NOSE,
(Una nariz,)

Uan nóus,

TWO EYEBROWS,
(Dos cejas,)

tu aibraus,

MANY EYELASHES,
(Muchas pestañas,)

meni ailashhhes,

ONE MOUTH,
(Una boca,)

Uan maud,

TWO LIPS,
(Dos labios,)

Tú lips,

AND ONE CHIN.
(Y una barbilla.)

and uan chin.

I ALSO HAVE TWO CHEEKS
(También tengo dos mejillas)

Ai olsou jav tú chics

AND LOTS OF TEETH INSIDE MY MOUTH.
(Y muchos dientes dentro de
mi boca.)

*and lots of
tid insaid mai maud.*

OH! AND ONE TONGUE!
(Oh! ¡y una lengua!)

Ou! and uan tong!

WITH MY FACE...
(Con mi cara)

Wid mai feis

I CAN SMILE,
(Puedo sonreír,)

ai can smail,

30

PRONUNCIACION

I CAN EAT,
(Puedo comer)

ai can it,

I CAN SPEAK,
(Puedo hablar)

ai can spic,

I CAN SMELL,
(Puedo oler)

ai can smel,

AND I CAN SEE.
(Y puedo ver.)

and ai can sí.

MY FACE IS VERY IMPORTANT.
(Mi cara es muy importante.)

Mai feis is veri impórtant.

I LIKE MY FACE!
(¡Me gusta mi cara!)

Ai laic mai feis!

31

VOCABULARY

VOCABULARIO

	Traducción	Pronunciación
Face	Cara	*Feis*
like	gustar	*laic*
important	importante	*impórtant*
very	muy	*veri*
show	muestra	*show*
when	cuando	*juén*
angry	enojado	*angri*
happy	contento	*jápi*
too	también	*tú*
two	dos	*tu*
one	uno	*uán*
forehead	frente	*fórjed*
eyes	ojos	*áis*
nose	nariz	*nóus*
eyebrows	cejas	*áibraus*
eyelashes	pestañas	*ailashes*
many	muchos(as)	*méni*
mouth	boca	*maud*
lips	labios	*lips*
chin	barbilla	*chin*
cheeks	mejillas	*chics*
teeth	dientes (plural)	*tid*
tooth	diente (singular)	*tud*

PRACTICE

PRACTICA

PRONUNCIACION

HOW MANY FACES DO
YOU HAVE?
(¿Cuántas caras tienes?)

Jáo meni feises du yu jav?

I HAVE ONE FACE.
(Tengo una cara.)

Ai jav uán feis.

IS IT IMPORTANT?
(¿Es importante?)

Is it impórtant?

YES, IT IS VERY IMPORTANT.
(Sí, es muy importante.)

Yes, it is veri impórtant.

WHY IS IT IMPORTANT?
(¿Por qué es importante?)

Juái is it impórtant?

BECAUSE IT SHOWS WHEN
I AM ANGRY
(Porque muestra cuando
estoy enojado)

Bicós it shous juén ai am angri

OR HAPPY.
(o contento.)

or jápi.

HOW MANY EYES DO
YOU HAVE?
(¿Cuántos ojos tienes?)

Jáo meni ais du yu jav?

I HAVE TWO EYES.
(Tengo dos ojos.)

Ai jav tú ais.

33

PRONUNCIACION

HOW MANY NOSES DO
YOU HAVE?
(¿Cuántas narices tienes?)

*Jáo meni nouses du
yu jav?*

I HAVE ONLY ONE NOSE.
(Tengo solamente una nariz.)

Ai jav ounli uán nous.

HOW MANY CHEEKS DO
YOU HAVE?
(¿Cuántas mejillas tienes?)

*Jáo meni chics du
yu jav?*

I HAVE TWO CHEEKS.
(Yo tengo dos mejillas.)

Ai jav tú chics.

WHAT IS INSIDE YOUR MOUTH?
(¿Qué está dentro de tu boca?)

Juát is insaid yur maud?

MANY TEETH AND ONE TONGUE.
(Muchos dientes y una lengua.)

Meni tid and uán tong.

I SMELL WITH MY NOSE.
(Yo huelo con mi nariz.)

Ai smel wid mai nous.

I SEE WITH MY EYES.
(Yo veo con mis ojos.)

Ai sí wid mai ais.

I SPEAK WITH MY MOUTH.
(Yo hablo con mi boca.)

Ai spic wid mai maud.

I SMILE WITH MY LIPS.
(Yo sonrío con mis labios.)

Ai smail wid mai lips.

WHAT IS THIS?

¿QUE ES ESTO?

SEÑALA LA PARTE DE LA CARA QUE CO-RRESPONDE A CADA NOMBRE EN INGLES

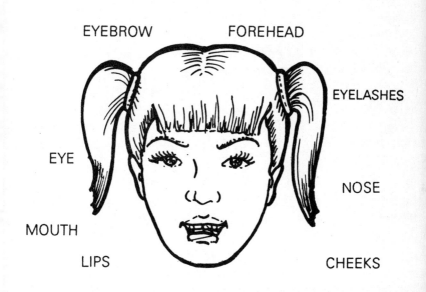

EYEBROW   FOREHEAD

EYELASHES

EYE

NOSE

MOUTH

LIPS   CHEEKS

TEETH

CHIN

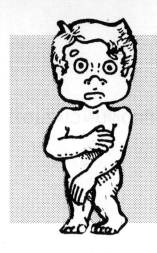

MY BODY

MI CUERPO

I HAVE ONE BODY.
(Yo tengo un cuerpo)

Ai jav uán bodi.

THIS IS MY HEAD.
(Esta es mi cabeza)

Dis is mai jed.

THIS IS MY NECK.
(Este es mi cuello)

Dis is mai nec.

THESE ARE MY SHOULDERS.
(Estos son mis hombros)

Diis ar mai shoulders.

THIS IS MY CHEST.
(Este es mi pecho)

Dis is mai chest.

THIS IS MY ARM.
(Este es mi brazo)

Dis is mai arm.

THIS IS MY ELBOW.
(Este es mi codo)

Dis is mai élbou.

PRONUNCIACION

THIS IS MY HAND.
(Esta es mi mano)

Dis is mai jand.

THIS IS ONE FINGER.
(Este es un dedo)

Dis is uán finguer.

THIS IS MY WAIST.
(Esta es mi cintura)

Dis is mai güeist.

THESE ARE MY HIPS.
(Estas son mis caderas)

Diis ar mai jips.

THIS IS MY LEG.
(Esta es mi pierna)

Dis is mai leg.

THIS IS MY KNEE.
(Esta es mi rodilla)

Dis is mai ní.

THIS IS MY FOOT.
(Este es mi pie)

Dis is mai fut.

THIS IS MY TOE.
(Este es mi dedo del pie)

Dis is mai tou.

38

PRONUNCIACION

I HAVE TWO ARMS.
(Tengo dos brazos)

Ai jav tú arms.

I HAVE TWO LEGS.
(Tengo dos piernas)

Ai jav tú legs.

I HAVE TWO HANDS.
(Tengo dos manos)

Ai jav tú jands.

EACH HAND HAS FIVE FINGERS.
(Cada mano tiene cinco dedos)

Ich jand jas faiv finguers.

IN TOTAL, I HAVE TEN FINGERS.
(En total, tengo 10 dedos)

In toutal, ai jav ten finguers.

I HAVE TWO FEET.
(Tengo dos pies)

Ai jav tú fit.

EACH FOOT HAS FIVE TOES.
(Cada pie tiene cinco dedos)

Ich fut jas faiv tous.

IN TOTAL, I HAVE TEN TOES.
(En total, tengo 10 dedos)

In toutal, ai jav ten tous.

VOCABULARY

VOCABULARIO

	Traducción	Pronunciación
Body	Cuerpo	*Bodi*
This is...	Este/Esta es...	*Dis is...*
head	cabeza	*jed*
neck	cuello	*nec*
shoulders	hombros	*shhhoulders*
chest	pecho	*chest*
arm	brazo	*arm*
elbow	codo	*élbou*
hand	mano	*jand*
one	uno/una	*uán*
finger	dedo	*fínguer*
waist	cintura	*weist/güeist*
hips	caderas	*jips*
These are...	Estas/Estos son...	*Diis ar...*
leg	pierna	*leg*
knee	rodilla	*ní*
foot	pie (singular)	*fut*
feet	pies (plural)	*fit*
toe	dedo del pie	*tou*
between	entre	*bituín*
tail	cola	*teil*
none	ninguno	*non*
each	cada	*ich*

PRACTICE

PRACTICA

PRONUNCIACION

HOW MANY HANDS DO
YOU HAVE?
(¿Cuántas manos tienes?)

*Jáo meni jands
du yu jav?*

I HAVE TWO HANDS.
(Tengo dos manos)

Ai jav tú jands.

HOW MANY NECKS DO YOU HAVE?
(¿Cuántos cuellos tienes?)

*Jáo meni necs du
yu jav?*

I HAVE ONLY ONE NECK.
(Tengo solamente un cuello)

Ai jav ounli uán nec.

WHERE ARE YOUR FINGERS?
(¿Dónde están tus dedos?)

Juér ar yur finguers?

MY FINGERS ARE ON MY HANDS.
(Mis dedos están en mis manos)

*Mai finguers ar on
mai jands.*

WHERE ARE YOUR TOES?
(¿Dónde están tus dedos del pie?)

Juér ar yur tous?

MY TOES ARE ON MY FEET.
(Mis dedos del pie están en mis pies)

Mai tous ar on mai fit.

WHERE IS YOUR WAIST?
(¿Dónde está tu cintura?)

Juér is yur weist?

BETWEEN MY CHEST AND
MY HIPS.
(Entre mi pecho y mis caderas)

*Bituín mai chest and
mai jips.*

41

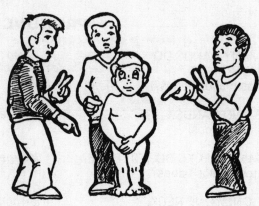

PRONUNCIACION

HOW MANY FEET DO YOU HAVE?   *Jáo meni fit du yu jav?*
(¿Cuántos pies tienes?)

I HAVE TWO FEET.   *Ai jav tú fit.*
(Tengo dos pies)

HOW MANY LEGS DO YOU HAVE?   *Jáo meni legs*
(¿Cuántas piernas tienes?)   *du yu jav?*

I HAVE TWO LEGS.   *Ai jav tú legs.*
(Tengo dos piernas)

HOW MANY TAILS DO YOU HAVE?   *Jáo meni teils*
(¿Cuántas colas tienes?)   *du yu jav?*

NONE.   *Non.*
(Ninguna.)

LA FORMA POSESIVA

Para formar el posesivo en una oración —esto es, para indicar que algo pertenece a alguien— solamente se agrega al final de la palabra que indica a quién pertenece la cosa, el lugar o lo que sea: un apóstrofe y luego una S.

Ejemplos:

My mother has a cat.
Mi mamá tiene un gato.
Mai moder jas a cat.

This is my mother's cat.
Este es el gato de mi mamá.
Dis is mai moders cat.

Aunt Betty has a house.
La tía Betty tiene una casa.
Ant Betty jas a jaus.

Aunt Betty's house.
La casa de tía Betty.
Ant Bettys jaus.

The children have a cake.
Los niños tienen un pastel.
De chíldren jav a queik.

The children's cake is made of chocolate.
El pastel de los niños está hecho de chocolate.
De childrens queik is meid of chócolet.

LA FORMA POSESIVA

THE STORY

EL CUENTO

GOLDILOCKS AND THE THREE BEARS
(Ricitos de Oro y los tres Ositos)
Góldilocs and de thri bers

ONCE UPON A TIME...
(Hubo una vez...)
Uans opón e taim...

THREE BEARS IN THE FOREST.
(tres osos en el bosque)
Thri bers in de fórest.

THERE WAS FATHER BEAR, MOTHER BEAR AND BABY BEAR.
(Eran papá oso, mamá osa y bebé oso)
Der was fader ber, moder ber and beibi ber.

ONE DAY THEY WENT OUT FOR A WALK
(Un día salieron a dar un paseo)
Uan dei dei went aut for a wok

AND A LITTLE BLONDE GIRL CALLED GOLDILOCKS
(Y una niñita llamada Ricitos de Oro)
And a litol blond guerl cold Góldilocs

ENTERED THEIR HOUSE!
(¡entró a su casa!)
énterd deir jáus!

SHE WAS VERY HUNGRY SO SHE ATE BABY BEAR'S PORRIDGE.
(Tenía mucha hambre así que se comió la avena de Bebé Oso.)
Shhhi was veri jóngri sou shhhi eit Béibi Ber's pórrich.

45

SHE ALSO SAT ON BABY BEAR'S CHAIR.
(También se sentó en la silla de Bebé Oso.)
Shhhi olsou sat on Béibi Ber's cher.

FINALLY, SHE WENT TO SLEEP ON BABY BEAR'S BED.
(Finalmente se acostó a dormir en la cama de Bebé Oso.
Fáinali, shhi went tu slip on Béibi Ber's bed.

WHEN THE BEAR FAMILY CAME BACK HOME,
(Cuando la Familia Oso regresó a casa,)
Juén de ber famili queim bac jóum,

BABY BEAR SAID: "WHO ATE MY PORRIDGE?"
(Bebé Oso dijo: "¿Quién se comió mi avena?")
Béibi Ber sed: Jú eit mai porrich?

THEN HE SAID: "WHO SAT ON MY CHAIR?"
(Entonces dijo: "¿Quién se sentó en mi silla?")
Den ji sed: Jú sat on mai cher?

AND FINALLY HE SAID: "WHO IS THAT SLEEPING ON MY BED?"
(Y finalmente él dijo: "¿Quién está durmiendo en mi cama?")
And fáinali ji sed: Jú is dat sliping on mai bed?

THE THREE BEARS WERE LOOKING AT GOLDILOCKS,
(Los tres osos estaban mirando a Ricitos de Oro,)
De thri bers wer luking at Góldilocs,

WHEN SUDDENLY SHE WOKE UP!
(¡Cuando de repente ella despertó!)
Juén sódenli shhi uouc op!

SHE SAW THE THREE BEARS INFRONT OF HER,
(Vio a los tres osos frente a ella)
Shhhi so de thri bers infront of jer,

AND SHE RAN, AND RAN, AND RAN AWAY.
(Y corrió, corrió, corrió lejos)
And shhhi ran, and ran and ran awei.

WHILE THE BEARS WONDERED WHO SHE WAS!
(¡Mientras los osos se preguntaban quién sería!)
Juáil de bers wonderd jú shhhi was!

VOCABULARY

VOCABULARIO

	Traducción	**Pronunciación**
Goldilocks	Ricitos de Oro	*Góldilocs*
Bear	Oso	*Ber*
Once upon a time...	Hubo una vez...	*Uans opón e taim...*
forest	bosque	*fórest*
walk	caminar, paseo	*wok*
little	pequeña	*lítol*
girl	niña	*guerl*
house	casa	*jáus*
hungry	hambrienta	*jóngri*
porridge	avena	*pórrich*
chair	silla	*cher*
sleep	dormir	*slip*
finally	finalmente	*fáinali*
bed	cama	*bed*
come back	regresar	*com bac*
came back	regresó/regresaron	*queim bac*
Who?	¿Quién?	*Jú?*
sat	se sentó	*sat*
sit	sentarse	*sit* (presente)
suddenly	de repente	*sódenli*
saw	vió	*so*
see	ver	*si* (presente)
infront	enfrente	*infront*
ran	corrió	*ran*
run	correr	*ron* (presente)

PRACTICE

PRACTICA

PRONUNCIACION

WHO LIVED IN THE FOREST?
(¿Quién vivía en el bosque?)

Jú livd in de fórest?

THE THREE BEARS LIVED IN
THE FOREST.
(Los Tres Osos vivían en el bosque.)

*De thri bers livd in
de fórest.*

WHERE DID THEY GO?
(¿A dónde fueron?)

Juér did dei gou?

THEY WENT FOR A WALK.
(Fueron a dar un paseo.)

Dei went for a wok.

WHO WAS GOLDILOCKS?
(¿Quién era Ricitos de Oro?)

Jú was Góldilocs?

SHE WAS A LITTLE BLONDE GIRL.
(Era una niñita rubia.)

*Shhhi was a lítol
blond guerl.*

WHAT DID SHE DO IN THE BEARS'
HOUSE?
(¿Qué hizo en la casa de los osos?)

*Juát did shhhi du in
de bers jaus?*

SHE ATE BABY BEAR'S PORRIDGE,
(Se comió la avena de Bebé Oso,)

*Shhhi eit Beibi
Bers porrich.*

SHE SAT ON BABY BEAR'S CHAIR,
(Se sentó en la silla de Bebé Oso,)

*Shhi sat on Beibi
bers cher.*

AND FINALLY, SHE WENT TO
SLEEP ON BABY BEAR'S BED.
(Y finalmente, se durmió en la
cama del bebé oso.)

*and fáinali shhi went
tu slip on beibi bers bed.*

49

PRONUNCIACION

WAS BABY BEAR ANGRY?
(¿Estaba enojado Bebé Oso?)

Was Beibi Ber ángri?

YES, HE WAS VERY ANGRY.
(Sí, estaba muy enojado)

Yes, ji was veri ángri.

WHERE DID THE BEARS
FIND GOLDILOCKS?
(¿Dónde encontraron los
osos a Ricitos de Oro?)

*Juér did de bers
faind Goldilocs?*

THEY FOUND HER ON
BABY BEAR'S BED.
(La encontraron en la cama
de Bebé Oso)

*Dei faund jer on
Beibi Ber's bed.*

WHAT DID GOLDILOCKS DO?
(¿Qué hizo Ricitos de Oro?)

Juát did Goldilocs du?

SHE RAN AWAY.
(Corrió lejos)

Shhi ran awei.

WAS SHE SCARED?
(¿Estaba asustada?)

Was shhi squerd?

WHAT DID THE BEARS DO?
(¿Qué hicieron los osos?)

Juát did de bers du?

THEY WONDERED WHO SHE WAS.
(Se preguntaban quién sería ella)

*Dei wonderd jú
shhi was.*

50

MY FAMILY

MI FAMILIA

I HAVE A BIG FAMILY.
(Yo tengo una familia grande.)

Ai jav a big fámili.

I HAVE A MOTHER,
(Tengo una mamá)

Ai jav a móder.

A FATHER,
(un papá)

a fáder.

TWO SISTERS,
(dos hermanas)

tú sísters.

AND ONE BROTHER.
(y un hermano.)

and uan bróder.

I LOVE THEM ALL VERY MUCH.
(Yo los quiero mucho a todos.)

Ai lov dem ol veri moch.

MY MOTHER'S NAME IS MARTHA.
(Mi mamá se llama Martha)

*Mai móders neim
is Martha.*

PRONUNCIACION

SHE IS VERY PRETTY.
(Ella es muy bonita.)

Shhi is veri príti.

MY FATHER'S NAME IS CARLOS.
(El nombre de mi papá es Carlos.)

*Mai fáders neim
is Carlos.*

HE WORKS VERY HARD.
(El trabaja muy duro.)

Jí werks veri jard.

MY SISTER LORENA IS EIGHTEEN
YEARS OLD.
(Mi hermana Lorena tiene 18 años.)

*Mai síster Lorena is
eitín yiers ould.*

AND ANTONIO AND CARLA ARE
FOURTEEN YEARS OLD.
(y Antonio y Carla tienen 14 años.)

*and Antonio and Carla
ar fortín yiers ould.*

ANTONIO AND CARLA ARE TWINS.
(Antonio y Carla son gemelos.)

*Antonio and Carla
ar tuíns.*

SO THEY ARE THE SAME AGE.
(Así que son de la misma edad.)

Sou dei ar de seim eich.

I HAVE A VERY GOOD
GRANDMOTHER.
(Tengo una abuela muy buena.)

*Ai jav a veri gud
grandmóder.*

SHE MAKES DELICIOUS "ATOLE".
(hace un atole delicioso.)

*Shhi meiks
delíshhos atole.*

SHE ALSO TELLS US STORIES.
(también nos cuenta cuentos.)

Shhi ólsou tels os stóris.

PRONUNCIACION

I ALSO HAVE MANY AUNTS
AND UNCLES.
(También tengo muchas tías y tíos.)

*Ai ólsou jav meni ants
and óncols.*

COUSINS,
(primos (as))

cósins,

NIECES,
(sobrinas)

níses

AND NEPHEWS.
(y sobrinos.)

and néfius.

MY GODFATHER IS OUR
NEIGHBOR, ALBERTO.
(Mi padrino es nuestro
vecino, Alberto.)

*Mai godfáder is áur
néibor, Alberto.*

HE IS VERY GOOD TO ME.
(Es muy bueno conmigo.)

Ji is veri gud tu mí.

HE ALWAYS GIVES ME
CHOCOLATES.
(Siempre me da chocolates.)

*Jí olweis guivs
mí chóclets.*

I LOVE CHOCOLATES!
(¡A mí me encantan los chocolates!)

Ai lov chóclets!

ALL MY FAMILY LIVES IN
MEXICO CITY.
(Toda mi familia vive en la
Ciudad de México.)

*Ol mai fámili livs in
Mécsicou Cíti.*

53

PRONUNCIACION

EXCEPT MY UNCLE JOHN.
(Excepto mi tío Juan.)

Except mai óncol Yon.

HE LIVES IN SAN ANTONIO,
TEXAS.
(El vive en San Antonio, Texas.)

Ji livs in San Antonio,
Técsas.

MAYBE I WILL VISIT HIM
SOME DAY.
(Quizá lo visitaré algún día.)

Méibi ai wil vísit jim
som dei.

MY COUSIN JANICE IS HIS
DAUGHTER.
(Mi prima Janice es su hija.)

Mai cósin Yánis is jis
dóter.

AND COUSIN PHILIP IS HIS
SON.
(y el primo Felipe es su hijo.)

and cósin Fílip is jis son.

VOCABULARY

VOCABULARIO

	Traducción	Pronunciación
I have	yo tengo	Ai jav
big	grande	big
family	familia	fámili
mother	mamá	móder
father	papá	fáder
sister	hermana	síster
brother	hermano	bróder
grandmother	abuela	grándmoder
grandfather	abuelo	grándfader
aunt	tía	ant
uncle	tío	óncol
cousin	primo(a)	cósin
niece	sobrina	nis
nephew	sobrino	néfiu
godfather	padrino	godfáder
godmother	madrina	godmóder
twins	gemelos	tuíns
pretty	bonita	príti
works	trabaja	werks
hard	duro	jard
name	nombre	neim
love	querer, quiero	lov
I am... years old.	Tengo... años.	Ai am... yíers ould.
delicious	delicioso	delíshhos
daughter	hija	dóter
son	hijo	son
always	siempre	ólweis
neighbor	vecino	néibor

PRACTICE

PRACTICA

PRONUNCIACION

DO YOU HAVE A BIG FAMILY?
(¿Tienes una familia grande?)

Du yu jav a big fámili?

YES, I HAVE A BIG FAMILY.
(Sí, tengo una familia grande.)

Yes, ai jav a big fámili.

HOW MANY BROTHERS DO
YOU HAVE?
(¿Cuántos hermanos tienes?)

Jáo meni bróders du yu jav?

I HAVE ONLY ONE BROTHER.
(Sólo tengo un hermano.)

Ai jav ounli uan bróder.

HOW MANY SISTERS DO
YOU HAVE?
(¿Cuántas hermanas tienes?)

Jáo meni sísters du yu jav?

I HAVE TWO SISTERS.
(Tengo dos hermanas.)

Ai jav tú sísters.

DO YOU LOVE THEM?
(¿Los quieres?)

Du yu lov dem?

YES, I LOVE THEM
VERY MUCH.
(Sí, los quiero mucho.)

Yes, ai lov dem veri moch.

HOW IS YOUR MOTHER?
(¿Cómo es tu mamá?)

Jáo is yur móder?

MY MOTHER IS VERY PRETTY.
(Mi mamá es muy bonita.)

Mai móder is veri príti.

PRONUNCIACION

DOES YOUR FATHER WORK?
(¿Trabaja tu papá?)

Dos yur fáder werk?

YES, HE WORKS VERY HARD.
(Sí, trabaja muy duro.)

Yes, ji werks veri jard.

WHY ARE ANTONIO AND CARLA
THE SAME AGE?
(¿Por qué son de la misma edad
Antonio y Carla?)

*Juái ar Antonio and Carla
de seim eich?*

BECAUSE THEY ARE TWINS.
(Porque son gemelos.)

Bicós dei ar tuíns.

HOW OLD IS LORENA?
(¿Cuántos años tiene Lorena?)

Jáo óuld is Lorena?

SHE IS EIGHTEEN YEARS OLD.
(Tiene 18 años.)

Shhi is eitín yíers óuld.

WHO TELLS YOU STORIES?
(¿Quién les cuenta cuentos?)

Jú tels yu stóris?

MY GRANDMOTHER DOES.
(Mi abuela lo hace.)

Mai grándmoder dos.

DO YOU HAVE FAMILY IN TEXAS?
(¿Tienes familia en Texas?)

*Du yu jav fámili
in Técsas?*

YES, I HAVE UNCLE JOHN AND
COUSINS JANICE AND PHILIP.
(Sí, el tío Juan y los primos
Janice y Felipe.)

*Yes, ai jav óncol Yon and
cósins Yánis and Fílip.*

57

DINNER
TIME

LA HORA
DE LA CENA

PRONUNCIACION

IT IS DINNER TIME.
(Es la hora de la cena)

It is dínner taim.

MY FAMILY EATS TOGETHER.
(Mi familia come junta)

Mai fámili its tugueder.

I MUST HELP MY MOTHER.
(Debo ayudar a mi mamá)

Ai most jelp mai móder.

HOW?
(¿Cómo?)

Jáo?

I WILL SET THE TABLE.
(Yo pondré la mesa)

Ai wil set de téibol.

WHAT DO I NEED?
(¿Qué necesito?)

Juát du ai nid?

I NEED PLATES,
(Necesito platos)

Ai nid pleits,

KNIVES TO CUT MY MEAT,
(cuchillos para cortar mi carne)

naivs tu cot mai mit,

FORKS TO EAT IT,
(tenedores para comerla)

forcs tu it it,

SPOONS TO STIR MY COFFEE,
(cucharas para menear mi café)

spuns tu stir mai cófi

TABLESPOONS TO EAT
MY SOUP,
(cucharas soperas para tomar
mi sopa)

téibolspuns tu it mai sup.

AND WARM TORTILLAS
FOR MY BEANS.
(y tortillas para mis frijoles.)

and worm tortillas
for mai bins.

I WILL ALSO PUT SALT AND
PEPPER SHAKERS,
(Pondré también salero y pimientero)

Ai wil olsou put solt and
péper shhheikers.

AND A BIG PAPAYA FOR DESSERT!
(¡y una gran papaya de postre!)

and a big papaya
for disért!

60

VOCABULARY

VOCABULARIO

	Traducción	**Pronunciación**
Dinner	Cena	*Díner*
time	hora	*taim*
help	ayudar	*jelp*
table	mesa	*téibol*
need	necesitar	*nid*
plates	platos	*pleits*
knives	cuchillos	*naivs*
forks	tenedores	*forcs*
spoons	cucharas	*spuns*
coffee	café (bebida)	*cófi*
tablespoons	cucharas soperas	*téibolspuns*
soup	sopa	*sup*
beans	frijoles	*bins*
also	también	*olsou*
salt shaker	salero	*solt sheiker*
pepper shaker	pimientero	*péper sheiker*
dessert	postre	*disért*
there is	hay	*der is*

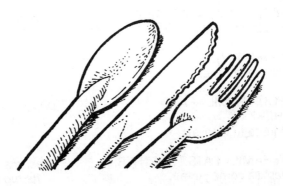

PRACTICE

PRACTICA

PRONUNCIACION

IS IT BREAKFAST TIME?
(¿Es la hora del desayuno?)

Is it brekfast taim?

NO, IT IS NOT BREAKFAST TIME.
(No, no es la hora del desayuno.)

Nou, it is not brekfast taim.

IT IS DINNER TIME.
(Es la hora de la cena)

It is díner taim.

DOES YOUR FAMILY EAT TOGETHER?
(¿Come junta tu familia?)

Dos yur fámili it tugueder?

YES, MY FAMILY EATS TOGETHER.
(Sí, mi familia come junta.)

Yes, mai fámili its tugueder.

62

PRONUNCIACION

HOW DO YOU HELP YOUR MOTHER?
(¿Cómo ayudas a tu mamá?)

Jáo du yu jelp yur moder?

I SET THE TABLE.
(Yo pongo la mesa)

Ai set de téibol.

WHY DO YOU NEED KNIVES?
(¿Por qué necesitan cuchillos?)

Juái du yu nid naivs?

TO CUT THE MEAT.
(Para cortar la carne.)

Tu cot de mit.

DO YOU DRINK WATER?
(¿Beben agua?)

Du yu drink woter?

NO, WE DO NOT DRINK WATER.
(No, nosotros no bebemos agua)

Nou, wi du not drink woter.

WE DRINK COFFEE.
(Bebemos café.)

Wi drink cófi.

WHAT IS THERE FOR DESSERT?
(¿Qué hay de postre?)

Juat is der for disért?

THERE IS PAPAYA.
(Hay papaya.)

Der is papaya.

63

THE COLORS

LOS COLORES

WHAT COLOR IS THE SKY?
(¿De qué color es el cielo?)

Juát color is de scai?

THE SKY IS BLUE.
(El cielo es azul)

De scai is blu.

WHAT COLOR IS AN APPLE?
(¿De qué color es una manzana?)

Juát color is an ápol?

APPLES ARE RED.
(Las manzanas son rojas)

Apóls ar red.

WHAT COLOR IS THE GRASS?
(¿De qué color es el pasto?)

Juát color is de gras?

THE GRASS IS GREEN.
(El pasto es verde)

De gras is grin.

WHAT COLOR IS MILK?
(¿De qué color es la leche?)

Juát color is milk?

PRONUNCIACION

MILK IS WHITE.
(La leche es blanca)

Milk is juáit.

WHAT COLOR ARE BANANAS?
(¿De qué color son los plátanos?)

Juát color ar bananas?

BANANAS ARE YELLOW.
(Los plátanos son amarillos)

Bananas ar yélou.

WHAT COLOR ARE ORANGES?
(¿De qué color son las naranjas?)

Juát color ar óranyes?

ORANGES ARE ORANGE!
(Las naranjas son anaranjadas)

Oranyes ar óranch!

WHAT COLOR ARE ELEPHANTS?
(¿De qué color son los elefantes?)

Juát color ar élefants?

ELEPHANTS ARE GREY.
(Los elefantes son grises)

Elefants ar grei.

WHAT COLOR ARE
FLAMINGOES?
(¿De qué color son los flamingos?)

Juát color ar flamingous?

FLAMINGOES ARE PINK.
(Los flamingos son color de rosa)

Flamingous ar pink.

WHAT COLOR IS WOOD?
(¿De qué color es la madera?)

Juát color is wuud?

PRONUNCIACION

WOOD IS BROWN.
(La madera es café)

Wuud is bráun.

WHAT COLOR IS THE
BLACKBOARD?
(¿De qué color es el pizarrón?)

Juát color is de blácbord?

THE BLACKBOARD IS BLACK.
(El pizarrón es negro)

De blácbord is blac.

VOCABULARY

VOCABULARIO

	Traducción	Pronunciación
What	¿qué?	*Juát*
the	el/la/los/las	*de*
sky	cielo	*scái*
blue	azul	*blú*
apple	manzana	*ápol*
red	rojo	*red*
grass	pasto	*gras*
green	verde	*grin*
milk	leche	*milk*
white	blanco	*juáit*
banana	plátano	*banána*
yellow	amarillo	*yélou*
orange	naranja/anaranjado	*óranch*
elephant	elefante	*élefant*
grey	gris	*grey*
flamingo	flamingo	*flamingou*
pink	rosa	*pink*
wood	madera	*wuud*
brown	café	*bráun*
blackboard	pizarrón	*blácbord*

POEM

POEMA

ROSES ARE RED,
VIOLETS ARE BLUE,
SUGAR IS SWEET
AND SO ARE YOU!

Las rosas son rojas,
las violetas azules,
el azúcar es dulce
¡y así eres tú!

*Rouses ar red,
vaiolets ar blu,
shhugar is suít
and sou ar yú!*

PRACTICE

PRACTICA

WHAT COLOR IS THE SEA?
(¿De qué color es el mar?)
Juát color is de sí?

THE SEA IS ————————
(El mar es azul)
De sí is ————————

WHAT COLOR IS THE MEXICAN FLAG?
(¿De qué color es la bandera mexicana?)
Juát color is di Mécsican flag?

THE MEXICAN FLAG IS ———————————— AND
————————
(La bandera mexicana es verde, blanca y roja)
Di Mécsican flag is ———————————— and
————————

WHAT COLOR IS THE AMERICAN FLAG?
Juát color is di Américan flag?

THE AMERICAN FLAG IS ———————————— AND
————————
(La bandera americana es roja, azul y blanca)
Di Américan flag is ———————————— and
————————

WHAT COLOR IS A CAMEL?
(¿De qué color es un camello?)
Juát color is a camel?

70

CAMELS ARE _____
(Los camellos son cafés)
Cámels ar _____

WHAT COLOR ARE THE CLOUDS?
(¿De qué color son las nubes?)
Juát color ar de cláuds?

THE CLOUDS ARE _____
(Las nubes son blancas)
De cláuds ar _____

WHAT COLOR IS A FROG?
(¿De qué color es una rana?)
Juát color is a frog?

FROGS ARE _____
(Las ranas son verdes)
Frogs ar _____

WHAT COLOR IS CHOCOLATE?
(¿De qué color es el chocolate?)
Juát color is chócolet?

CHOCOLATE IS _____
(El chocolate es café)
Chócolet is _____

NUMBERS

NUMEROS

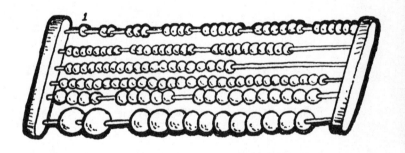

1	ONE	15	FIFTEEN
2	TWO	16	SIXTEEN
3	THREE	17	SEVENTEEN
4	FOUR	18	EIGHTEEN
5	FIVE	19	NINETEEN
6	SIX	20	TWENTY
7	SEVEN	30	THIRTY
8	EIGHT	40	FORTY
9	NINE	50	FIFTY
10	TEN	100	ONE HUNDRED
11	ELEVEN	1000	ONE THOUSAND
12	TWELVE		
13	THIRTEEN		
14	FOURTEEN		

Para formar cifras diferentes a las que aparecen en la página anterior, sólo tienes que recordar lo siguiente: ¡Se forman igual que en español!

21	TWENTY ONE VEINTIUNO	(VEINTE + UNO)	(*tuentiuán*)
22	TWENTY TWO VEINTIDOS	(VEINTE + DOS)	(*tuentitú*)
45	FORTY FIVE CUARENTA Y CINCO	(CUARENTA + CINCO)	(*fortifaif*)
84	EIGHTY FOUR OCHENTA Y CUATRO	(OCHENTA + CUATRO)	(*eitifor*)
99	NINETY NINE NOVENTA Y NUEVE	(NOVENTA + NUEVE)	(*naintináin*)
108	ONE HUNDRED AND EIGHT CIENTO OCHO	(CIEN + OCHO)	(*uan jondred and eit*)
200	TWO HUNDRED DOSCIENTOS	(DOS CIENTOS)	(*tú jondred*)
600	SIX HUNDRED SEISCIENTOS	(SEIS CIENTOS)	(*six jondred*)
900	NINE HUNDRED NOVECIENTOS	(NUEVE CIENTOS)	(*nain jondred*)

1000	ONE THOUSAND MIL	(UN MIL)	*(uan thausand)*
1200	ONE THOUSAND TWO HUNDRED MIL DOSCIENTOS	(UN MIL + DOSCIENTOS)	*(uan thausand tú jondred)*
10000	TEN THOUSAND DIEZ MIL	(DIEZ MILES)	*(ten thausand)*
60000	SIXTY THOUSAND SESENTA MIL	(SESENTA MILES)	*(sixti thausand)*
100000	ONE HUNDRED THOUSAND CIEN MIL	(UN CIENTO DE MILES)	*(uan jondred thausand)*

LAS FECHAS

Este es el único caso en que los números cambian.

Ejemplo:

1989 NINETEEN EIGHTY NINE
(Diecinueve ochenta y nueve) *(naintín eiti nain)*
1810 EIGHTEEN TEN
(dieciocho diez) *(eitín ten)*

NUMEROS ORDINALES

Los números ordinales se utilizan -como su nombre lo indica- para mostrar un orden. En inglés se utilizan para hablar de:

a) Los días del mes
   Ejemplo: Today is March 28th.
(Hoy es el veintiocho de marzo)   *Tudei is March tuentieith.*

b) Los años escolares (igual que en español)
   Ejemplo: Judy is in third grade.
(Judy está en tercer grado)   *Yudi is in therd greid.*

c) Orden general (igual que en español)
   Ejemplo: This is my first lesson.
(Esta es mi primera lección)   *Dis is mai ferst léson.*

Para indicar que se trata de un número ordinal, sólo agrega "th" inmediatamente después del número, con excepción de los terminados en 1, 2 y 3.

Ejemplos:
   Primero   1st   (First)
   Segundo   2nd   (Second)
   Tercero   3rd   (Third)
   Cuarto   4th   (Fourth)
   Quinto   5th   (Fifth) (la "ve" de five cambia a "f")
   Doceavo   12th   (Twelfth) (la "ve" de twelve cambia a "f")

NOTA: Al igual que en los plurales, los números terminados en "y" cambian la "y" por "ie" y se les agrega la "th".
Ejemplo:
   TWENTY   (veinte)   20
   TWENTIETH   (vigésimo)   20th

76

PRACTICE

PRACTICA

PRONUNCIACION

I HAVE ONE HEAD.
(Yo tengo 1 cabeza)

Ai jav UAN jed.

YOU HAVE TWO HANDS.
(Tú tienes 2 manos)

Yu jav TU jands.

THE MEXICAN FLAG HAS
THREE COLORS.
(La bandera mexicana tiene 3 colores)

*De mécsican flag jas
THRI colors.*

HORSES HAVE FOUR LEGS.
(Los caballos tienen 4 patas)

Jórses jav FOR legs.

EACH HAND HAS FIVE FINGERS.
(cada mano tiene 5 dedos)

*Ich jand jas FAIF
finguers.*

A DICE HAS SIX SIDES.
(Un dado tiene 6 lados)

A dais jas SIX saids.

SNOW WHITE AND THE
SEVEN DWARFS.
(Blanca Nieves y los 7 Enanos)

*Snou Juait and de
SEVEN duarfs.*

SPIDERS HAVE EIGHT LEGS.
(Las arañas tienen 8 patas)

Spáiders jav EIT legs.

DO CATS HAVE NINE LIVES?
(¿Tienen los gatos 9 vidas?)

Du cats jav NAIN laivs?

I HAVE TEN TOES.
(Yo tengo 10 dedos en los pies)

Ai jav TEN tous.

PRONUNCIACION

CRISTINA IS FIFTEEN
YEARS OLD.
(Cristina tiene 15 años)

Cristina is FIFTIN yiers ould.

A DAY HAS TWENTY
FOUR HOURS.
(Un día tiene 24 horas)

A dei jas TUENTI FOR auers.

DO CENTIPEDES HAVE ONE
HUNDRED FEET?
(¿Tienen los ciempiés 100 pies?)

*Du centipids jav
UAN JONDRED fit?*

I KNOW ONE THOUSAND
WORDS IN ENGLISH.
(Yo sé 1000 palabras en inglés)

*Ai nou UAN THAUSAND
werds in inglishh.*

PRONUNCIACION

MY COUSIN WANTS TO HAVE
ONE MILLION PESOS!
(¡Mi primo quiere tener
1,000,000 de pesos!)

*Mai cósin wants tu jav
UAN MILION pesos!*

TOMMY IS THE FIRST IN HIS CLASS.
(Tommy es el primero en su clase)

*Tómi is de ferst
in jis clas.*

WHO WAS HENRY VIII (THE EIGHTH)?
(¿Quién fue Enrique VIII (octavo)?)

Jú was Jénri di eith?

THIS IS THE SECOND TIME YOU
EAT CAKE.
(Esta es la segunda vez que
comes pastel)

*Dis is de sécond
taim yu it keik.*

FOR THE HUNDREDTH TIME, STOP IT!
'(Por centésima vez, ¡detente!'

*For de jóndredth
taim, stop it!*

ELIZABETH II (THE SECOND) IS
THE QUEEN OF ENGLAND.
(Elizabeth II (segunda) es la
Reina de Inglaterra)

*Elízabeth de sécond
is de cuín of Ingland.*

FIRST OF ALL SAY THANK YOU.
(Primero que nada dí "Gracias")

Ferst of ol sei thenkiu.

MI CANCION CON NUMEROS

JOHN BROWN HAD A LITTLE INDIAN
JOHN BROWN HAD A LITTLE INDIAN
JOHN BROWN HAD A LITTLE INDIAN
ONE LITTLE INDIAN BOY.
ONE LITTLE
TWO LITTLE
THREE LITTLE INDIANS,
FOUR LITTLE
FIVE LITTLE
SIX LITTLE INDIANS,
SEVEN LITTLE
EIGHT LITTLE
NINE LITTLE INDIANS,
TEN LITTLE INDIANS BOYS!

John Brown tenía un indiecito	*Yon Braun jad a litol indian*
John Brown tenía un indiecito	*Yon Braun jad a litol indian*
John Brown tenía un indiecito	*Yon Braun jad a litol indian*
un pequeño niño indio.	*Uan litol indian boy.*
Un pequeño	*Uan litol*
dos pequeños	*Tu litol*
tres pequeños indios	*Thri litol indians*
cuatro pequeños	*For litol*
cinco pequeños	*Faif litol*
seis pequeños indios	*Six litol indians*
siete pequeños	*Seven litol*
ocho pequeños	*Eit litol*
nueve pequeños indios	*Nain litol indians*
¡Diez pequeños niños indios!	*Ten litol indian bois!*

MY HOUSE

MI CASA

PRONUNCIACION

WE LIVE IN A HOUSE.
(Nosotros vivimos en una casa.)

Wi liv in a jáus.

MY HOUSE HAS THREE BEDROOMS,
(Mi casa tiene tres recámaras,)

Mai jáus jas thri bédrums,

TWO BATHROOMS,
(dos baños,)

tú báthrums,

WITH A BATHTUB AND A SHOWER,
(con tina y regadera,)

wid a báthtob and a sháuer,

A LIVING ROOM WHERE MY PARENTS RECEIVE THEIR FRIENDS,
(una sala donde mis papás reciben a sus amigos,)

a líving rúm juér mai pérents ricív deir frends,

A DINING ROOM WHERE WE ALL EAT,
(un comedor donde todos comemos,)

a dáining rúm juér wi ol it.

PRONUNCIACION

AND MY MOTHER'S KITCHEN!
(¡Y la cocina de mi mamá!)

and mai móder's kítchen!

OUR HOUSE HAS A BIG
BLACK DOOR.
(Nuestra casa tiene una gran
 puerta negra.)

Aur jáus jas a big blac dor,

AND ELEVEN WINDOWS!
(¡Y once ventanas!)

And iléven wíndous!

WE HAVE A GARAGE FOR
THE CAR.
(Tenemos un garage para
el coche.)

Wi jav a garashh for de car.

IN THE BACK, THERE IS A PATIO,
(Atrás está un patio,)

In de back,
der is a patio,

WHERE I PLAY WITH MY
DOG "FLASH".
(Donde juego con mi perro
"Flash".)

juér Ai plei wid
mai dog "Flash".

MY HOUSE IS ALWAYS
FULL OF FLOWERS,
(Mi casa está siempre llena
de flores,)

Mai jáus is ólweis
ful of fláuers,

BECAUSE MY MOTHER
LIKES THEM.
(Porque a mi mamá le gustan.)

Bicós mai
móder láics dem.

82

PRONUNCIACION

I LIKE MY HOUSE BECAUSE IT IS
CLEAN AND HAPPY.
(Me gusta mi casa porque es
 limpia y alegre.)

*Ai laic mai jáus bicós
it is clín and jápi.*

I SLEEP IN THE SAME ROOM
WITH MY BROTHER ANTONIO,
(Yo duermo en el mismo cuarto
con mi hermano Antonio,)

*Ai slíp in de seim rúm
wid mai bróder Antonio.*

BUT WE DON'T FIGHT.
(Pero no nos peleamos.)

bot wi dóunt fáit.

VOCABULARY

VOCABULARIO

	Traducción	**Pronunciación**
house	casa	*jáus*
live	vivir	*liv*
bedroom	recámara	*bédrum*
bathroom	baño	*báthrum*
living room	sala	*líving rum*
dining room	comedor	*dáining rum*
kitchen	cocina	*kítchen*
door	puerta	*dor*
window	ventana	*window*
black	negro	*blac*
garage	garage	*garashhh*
patio	patio	*patio*
dog	perro	*dog*
where	donde	*juér*
sleep	dormir	*slip*

	Traducción	**Pronunciación**
room	cuarto	*rúm*
clean	limpio	*clin*
happy	alegre	*jápi*
same	mismo	*seim*
in the back	atrás	*in de bac*
flowers	flores	*fláuers*
full of	lleno de	*ful of*
fight	pelear	*fáit*
but	pero	*bot*
car	coche	*car*
receive	recibir	*ricív*
friends	amigos	*frends*
bathtub	tina de baño	*báthtob*
shower	regadera	*sháuer.*

PRACTICE

PRACTICA

PRONUNCIACION

WHAT IS A HOUSE?
(¿Qué es una casa?)

Juát is a jáus?

IT IS THE PLACE WHERE
YOU LIVE.
(Es el lugar donde tú vives.)

It is de pléis juér yu liv.

WHERE DO YOU EAT?
(¿Dónde comes?)

Juér du yu it?

I EAT IN THE DINING ROOM.
(Yo como en el comedor.)

Ai it in de dáining rum.

IS THE DINING ROOM PART
OF THE HOUSE?
(¿Es el comedor parte de la casa?)

*Is de dáining rum part
of de jáus?*

PRONUNCIACION

YES, IT IS.
(Sí lo es.)

Yes, it is.

WHERE DO YOU SLEEP?
(¿Dónde duermes?)

Juér du yu slíp?

I SLEEP IN MY BEDROOM.
(Yo duermo en mi recámara.)

Ai slíp in mai bédrum.

WHERE DOES YOUR MOTHER
COOK?
(¿Dónde cocina tu mamá?)

Juér dos yur móder cuk?

SHE COOKS IN THE KITCHEN.
(Ella cocina en la cocina.)

Shhi cuks in de kítchen.

WHERE DO YOU BRUSH YOUR
TEETH?
(¿Dónde te cepillas los dientes?)

Juér du yu broshh yur tíd?

I DO IT IN THE BATHROOM.
(Lo hago en el baño.)

Ai du it in de báthrum.

WHERE DO YOU WASH?
(¿Dónde te lavas?)

Juér du yu wash?

I WASH AND BATHE IN THE
BATHROOM, TOO.
(Yo me lavo y me baño en el
baño también.)

*Ai woshh and béid in
de báthrum, tú.*

87

PRONUNCIACION

HOW MANY DOORS DOES YOUR
HOUSE HAVE?
(¿Cuántas puertas tiene tu casa?)

*Jáo méni dors dos
yur jáus jav?*

IT HAS ONLY ONE DOOR.
(Sólo tiene una puerta.)

It jas óunli uan dor.

AND HOW MANY BEDROOMS?
(¿Y cuántas recámaras?)

And jáo méni bédrums?

IT HAS THREE BEDROOMS.
(Tiene tres recámaras.)

It jas thrí bédrums.

AND WINDOWS?
(¿Y ventanas?)

And wíndows?

IT HAS ELEVEN WINDOWS!
(¡Tiene once ventanas!)

It jas iléven wíndows!

MY SCHOOL

MI ESCUELA

I AM A STUDENT.
(Soy estudiante.)

Ai am a stúdent

I GO TO SCHOOL.
(Yo voy a la escuela.)

Ai gou tu scul.

ALL MY FRIENDS GO
TO SCHOOL.
(Todos mis amigos van
a la escuela.)

Ol mai frends gou tu scul.

WE GO TO SCHOOL
EVERY DAY.
(Vamos a la escuela
todos los días.)

Wi gou tu scul evri dei.

I HAVE TWO TEACHERS.
(Yo tengo dos maestros.)

Ai jav tú tíchers.

PRONUNCIACION

ONE TEACHES ME GRAMMAR
AND ARITHMETIC.
(Uno me enseña gramática
y aritmética.)

*Uan tíches mí grámar
and arítmétic.*

THE OTHER ONE TEACHES
ME SPORTS.
(El otro me enseña deportes.)

Di óder uan tíches mí sports.

MY TEACHERS ARE NICE.
(Mis maestros son
agradables.)

Mai tíchers ar nais.

I LIKE THEM VERY MUCH.
(A mí me caen muy bien.)

Ai laic dem veri moch.

SO I LEARN FAST.
(Así que aprendo rápido.)

Sou ai lern fast.

MY SCHOOL IS BIG.
(Mi escuela es grande.)

Mai scul is big.

IT HAS TWENTY CLASSROOMS.
(Tiene 20 salones de clases.)

It jas tuénti clásrums.

AND A BIG PATIO FOR RECESS.
(Y un gran patio para recreo.)

*And a big patio
for ríses.*

I HAVE A DESK AND A CHAIR.
(Yo tengo un pupitre y una silla.)

Ai jav a desc and a cher.

PRONUNCIACION

I TAKE MANY BOOKS AND
NOTEBOOKS TO SCHOOL.
(Yo llevo muchos libros y
cuadernos a la escuela.)

*Ai teik meni buks and
noutbuks tu scul.*

ALSO A PENCIL,
(También un lápiz,)

Olsou a pencil

A PEN,
(una pluma,)

a pen

AND AN ERASER.
(y una goma.)

and an irréiser.

I KEEP MY NOTES VERY
CLEAN.
(Yo mantengo mis notas
muy limpias.)

Ai kip mai nouts veri clín.

91

VOCABULARY

VOCABULARIO

	Traducción	Pronunciación
school	escuela	*scul*
my	mi	*mai*
I am	yo soy	*Ai am*
a	un/una	*a*
student	estudiante	*stúdent*
friends	amigos	*frends*
go	ir (van)	*gou*
teacher	maestro	*tícher*
teaches (verbo to teach)	enseña	*tíches*
grammar	gramática	*grámar*
arithmetic	aritmética	*aritmétic*
sports	deportes	*sports*
nice	agradable	*nais*
like	gustar	*laic*
very much	mucho	*veri moch*
learn	aprender	*lern*
fast	rápido	*fast*
big	grande	*big*
twenty	veinte	*tuénti*
classrooms	salones de clases	*clásrums*
recess	recreo	*ríses*
I have	yo tengo	*Ai jav*
desk	escritorio	*desc*
chair	silla	*cher*
every	cada	*évri*

	Traducción	**Pronunciación**
day	día	*dei*
every day	cada día o todos los días	*évri dei*
books	libros	*buks*
notebooks	cuadernos	*noutbuks*
pencil	lápiz	*pénsil*
pen	pluma	*pen*
eraser	goma de borrar	*irréiser*
keep	mantener	*kip*
notes	notas	*ncuts*
clean	limpia(s)	*clín*

PRACTICE

PRACTICA

PRONUNCIACION

DO YOU GO TO SCHOOL?
(¿Vas a la escuela?)

Du yu gou tu scul?

YES, I GO TO SCHOOL.
(Sí, voy a la escuela.)

Yes, Ai gou tu scul.

HOW MANY TEACHERS DO
 YOU HAVE?
(¿Cuántos maestros tienes?)

Jáo méni tíchers du yu jav?

94

PRONUNCIACION

I HAVE TWO TEACHERS.
(Tengo dos maestros.)

Ai jav tú tíchers.

WHAT DO THEY TEACH?
(¿Qué enseñan?)

Juát du dei tích?

GRAMMAR, ARITHMETIC
AND SPORTS.
(Gramática, aritmética y
deportes.)

*Grámar, arìtmétic
and sports.*

DO YOU LEARN GEOGRAPHY
AND HISTORY?
(¿Aprendes geografía e historia?)

*Du yu lern ɉeografı
and jístori?*

NOT YET.
(Todavía no.)

Not yet.

WHAT DO YOU TAKE
TO SCHOOL?
(¿Qué llevas a la escuela?)

Juát du yu teik tu scul?

MANY BOOKS, NOTEBOOKS,
(Muchos libros, cuadernos,)

Meni buks, noutbuks,

PENCIL, PEN AND ERASER.
(lápiz, pluma y goma de borrar.)

pénsil, pen and irréiser.

THE ZOO

EL ZOOLOGICO

TODAY IS SUNDAY.
(Hoy es domingo)
Tudei is sondei.

I DO NOT GO TO SCHOOL.
(Yo no voy a la escuela)
Ai du not gou tu scul.

MY FATHER DOES NOT WORK.
(Mi papá no trabaja)
Mai fader dos not werk.

HE WILL TAKE ME TO THE ZOO.
(Me llevará al zoológico)
Ji wil teik mi tu de zu.

THE ZOO IS IN CHAPULTEPEC.
(El zoológico está en Chapultepec)
De zu is in Chapultepec.

IT HAS MANY ANIMALS AND BIRDS.
(Tiene muchos animales y pájaros)
It jas meni animals and berds.

THERE ARE LOTS OF DIFFERENT MONKEYS.
(Hay muchos monos diferentes.)
Der ar lots of díferent monkis.

EVEN A GORILLA AND SOME PANDAS!
(¡Incluso un gorila y algunos pandas!)
Iven a gorila and som pandas!

HAVE YOU EVER SEEN A PANDA?
(¿Alguna vez has visto un panda?)
Jav yu ever sin a panda?

THEY ARE BLACK AND WHITE AND VERY FUNNY.
(Son blanco y negro y muy graciosos.)
Dei ar blac and juait and veri foni.

THE TIGERS LOOK QUITE FEROCIOUS.
(Los tigres se ven bastante fieros.)
De taiguers luk cuait feroushhos.

THE GIRAFFES HAVE VERY LONG NECKS.
(Las jirafas tienen cuellos muy largos.)
De yiráfs jav veri long necs.

THE LION CUBS ARE SO PLAYFUL!
(¡Los cachorros del león son tan juguetones!)
De láyon cabs ar sou pleiful!

THE WHITE POLAR BEAR LOVES TO SWIM.
(El oso polar blanco adora nadar.)
De juait poular ber lovs tu suím.

THE ZEBRA LOOKS LIKE A DONKEY WITH P!JAMAS!
(¡La cebra parece un burro con pijama!)
De zibra luks laic a donki wid piyamas!

MY FAVORITE ANIMAL IS THE ELEPHANT.
(Mi animal favorito es el elefante.)
Mai féivorit ánimal is di élefant.

BECAUSE THEY ARE SO BIG AND STRONG.
(Porque son tan grandes y fuertes.)
Bicós dei ar sou big and strong.

THERE IS A LITTLE TRAIN AT THE ZOO.
(Hay un trenecito en el zoológico.)
Der is a litl trein at de zu.

IT GOES AROUND THE ZOO.
(Va alrededor del zoológico.)
It gous araund de zu.

I LIKE THE ZOO VERY MUCH.
(Me gusta mucho el zoológico.)
Ai laic de zu veri moch.

VOCABULARY

VOCABULARIO

	Traducción	Pronunciación
Zoo	zoológico	*zu*
work	trabajar	*werk*
animals	animales	*ánimals*
birds	pájaros	*berds*
lots	muchos	*lots*
monkeys	monos, changos	*monkis*
black	negro	*blac*
white	blanco	*juait*
funny	graciosos	*foni*
tigers	tigres	*taiguers*
quite	bastante	*cuait*
ferocious	feroces, fieros	*feroushhos*
giraffes	jirafas	*yiráfs*
lion	león	*láyon*
cub	cachorro	*cab*
playful	juguetón	*pléiful*
bear	oso	*ber*
swim	nadar	*suím*
zebra	cebra	*zíbra*
donkey	burro	*dónki*
favorite	favorito	*féivorit*
elephant	elefante	*élefant*
big	grande	*big*
strong	fuerte	*strong*
little	pequeño	*litl*
train	tren	*trein*
around	alrededor	*araund*
like	gustar	*laic*

PRACTICE

PRACTICA

WHAT DAY IS TODAY?
(¿Qué día es hoy?)
Juát dei is tudei?

TODAY IS SUNDAY.
(Hoy es domingo)
Tudei is sóndei.

WHERE ARE YOU GOING?
(¿A dónde vas?)
Juér ar yu going?

I AM GOING TO THE ZOO.
(Voy al zoológico)
Ai am going tu de zu.

WITH WHOM?
(¿Con quién?)
Wid júm?

WITH MY FATHER.
(Con mi papá)
Wid mai fáder.

WHERE IS THE ZOO?
(¿Dónde está el zoológico?)
Juér is de zu?

THE ZOO IS IN CHAPULTEPEC.
(El zoológico está en Chapultepec)
De zu is in Chapultepec.

WHAT KIND OF ANIMALS ARE THERE?
(¿Qué clase de animales hay ahí?)
Juát caind of ánimals ar der?

101

THERE ARE TIGERS, ZEBRAS AND PANDAS.
(Hay tigres, cebras y pandas.)
Der ar taiguers, zibras and pandas.

ALSO LION CUBS AND A GORILLA.
(También cachorros de león y un gorila.)
Olsou láyon cabs and a gorila.

ARE THERE ANY GIRAFFES?
(¿Hay jirafas?)
Ar der eni yiráfs?

YES, THERE ARE SOME GIRAFFES.
(Sí, hay algunas jirafas.)
Yes, der ar som yirafs.

ARE THERE ANY DONKEYS?
(¿Hay burros?)
Ar der eni donkis?

NO, THERE ARE NO DONKEYS.
(No, no hay burros.)
Nou, der ar nou donkis.

MY FAVORITE ANIMALS

MIS ANIMALES FAVORITOS

DO YOU HAVE A PET?
(¿Tienes una mascota?)

Du yu jav a pet?

I DO.
(Yo sí.)

Ai du.

I HAVE A DOG NAMED
"FLASH".
(Yo tengo un perro llamado
"Flash".)

Ai jav a dog neimd
"Flash"

IT IS JUST A PUPPY.
(Es sólo un cachorrito.)

It is yost a papi.

IT LIKES TO JUMP AND PLAY.
(Le gusta saltar y jugar.)

It laics tu yomp and plei.

I LIKE ANIMALS.
(Me gustan los animales.)

Ai laic ánimals.

PRONUNCIACION

I LIKE CATS,   *Ai laic cats*
(Me gustan los gatos,)

AND KITTENS,   *and kítens*
(y los gatitos)

AND BIRDS.   *and berds.*
(y los pájaros.)

MY SISTER LORENA   *Mai síster Lorena jas*
HAS A CANARY.   *a canéri.*
(Mi hermana Lorena
tiene un canario.)

PRONUNCIACION

IT SINGS ALL DAY LONG.
(Canta todo el día.)

It sings ol dei long.

I WANT A PARROT.
(Yo quiero un perico.)

Ai want a párrot.

PARROTS CAN TALK
LIKE PEOPLE.
(Los pericos pueden
hablar como las personas.)

Párrots can toc laic pípol.

MY GREAT-GRANDMOTHER
HAD ONE.
(Mi bisabuela tenía uno.)

*Mai greitgrandmóder
jad uan.*

IT WAS BRIGHT GREEN,
(Era verde brillante,)

It was brait grin,

WITH A CURVED BEAK.
(con un pico curvo.)

wid a kervd bik.

I ALSO LIKE FARM ANIMALS.
(También me gustan los animales
de granja.)

*Ai ólsou laic farm
ánimals.*

I LIKE CHICKENS AND DUCKS,
(Me gustan los pollos y los patos,)

Ai laic chíkens and docs,

ROOSTERS, HENS, AND TURKEYS,
(los gallos, las gallinas y los pavos,)

rústers, jens, and térkis,

105

PRONUNCIACION

COWS, BULLS AND HORSES.
(las vacas, los toros y los caballos)

caós, buls and jórses,

LAMBS AND GOATS,
(borregos y cabras)

lambs and gouts,

AND EVEN OXEN!
(¡ y hasta bueyes!)

and íven ócsen!

I DO NOT LIKE SNAKES,
(A mí no me gustan las serpientes,)

Ai du not laic sneiks,

BECAUSE THEY BITE.
(Porque muerden.)

bicós dei bait.

I ALSO HATE SPIDERS AND
COCKROACHES.
(También odio a las arañas y
las cucarachas.)

*Ai olsou jeit spáiders
and cocrouches.*

I LIKE MULTICOLORED
BUTTERFLIES.
(Me gustan las mariposas
multicolores.)

*Ai laic molticólord
bóterflais.*

THEY LOOK LIKE FLYING
FLOWERS.
(Parecen flores voladoras.)

Dei luc laic fláing fláuers.

VOCABULARY

VOCABULARIO

	Traducción	Pronunciación
animals	animales	*ánimals*
favorite	favoritos	*féivorit*
my	mi, mis	*mai*
dog	perro	*dog*
puppy	cachorrito	*pápi*
cat	gato	*cat*
kitten	gatito	*kiten*
bird	pájaro	*berd*
canary	canario	*canéri*
parrot	perico	*párrot*
chicken	pollo	*chíken*
pig	puerco	*pig*
duck	pato	*doc*
rooster	gallo	*rúster*
hen	gallina	*jen*
turkey	pavo guajolote	*térki*
cow	vaca	*cao*
bull	toro	*bul*
horse	caballo	*jors*
lamb	borrego	*lamb*
goat	cabra	*gout*
ox (singular)	buey	*ox*
oxen (plural)	bueyes	*óxen*
snake	víbora, serpiente	*sneik*
spider	araña	*spáider*
cockroach	cucaracha	*cocrouch*
butterfly	mariposa	*bóterflai*
flower	flor	*fláuer*
multicolored (adjetivo)	multicolor	*molticólord*
bite	morder	*bait*
farm	granja	*farm*
sometimes	a veces	*sómtaims*
beak	pico	*bik*

PRACTICE

PRACTICA

PRONUNCIACION

WHAT IS A PET?
(¿Qué es una mascota?)

Juát is a pet?

IT IS SOMETHING YOU
LOVE VERY MUCH.
(Es algo que amas mucho.)

*It is sómthing yu lov
veri moch.*

CAN IT BE AN ANIMAL?
(¿Puede ser un animal?)

Can it bi an ánimal?

YES, IT CAN.
(Sí puede.)

Yes, it can.

DO YOU HAVE A PET?
(¿Tienes una mascota?)

Du yu jav a pet?

YES, I HAVE A PUPPY NAMED "FLASH"
(Sí, tengo un cachorrito llamado
"Flash".)

*Yes, Ai jav a pápi
neimd Flash.*

WHAT DOES FLASH LIKE?
(¿Qué le gusta a Flash?)

Juát dos Flash laic?

IT LIKES TO JUMP AND PLAY.
(Le gusta saltar y jugar.)

It laics tu yomp and plei.

WHAT OTHER ANIMALS DO
YOU LIKE?
(¿Qué otros animales te gustan?)

*Juát óder ánimals
du yu laic?*

108

PRONUNCIACION

I LIKE CATS AND PARROTS.   *Ai laic cats and párrots.*
(Me gustan los gatos y los loros.)

WHO HAS A CANARY?   *Jú jas a canéri?*
(¿Quién tiene un canario?)

MY SISTER LORENA HAS A CANARY.   *Mai síster Lorena jas*
(Mi hermana Lorena tiene un canario.)   *a canéri.*

WHAT KIND OF ANIMALS LIVE   *Juát cáind of ánimals*
ON A FARM?   *liv on a farm?*
(¿Qué clase de animales viven
en una granja?)

COWS, PIGS, CHICKENS AND   *Caos, pigs, chíkens*
HORSES.   *and jórses.*
(Vacas, puercos, pollos y caballos.)

DO CATS LIVE ON FARMS?   *Du cats liv on farms?*
(¿Viven los gatos en granjas?)

SOMETIMES.   *Sómtaims.*
(A veces.)

PUSSYCAT, PUSSYCAT

"PUSSYCAT, PUSSYCAT,
WHERE HAVE YOU BEEN?"
"I HAVE BEEN TO LONDON
TO VISIT THE QUEEN."

"PUSSYCAT, PUSSYCAT,
AND WHAT DID YOU DO THERE?"
"I FRIGHTENED A LITTLE MOUSE
UNDER THE CHAIR!"

"Gatito, Gatito,
¿dónde has estado?"
"He estado en Londres
para visitar a la Reina."

"Gatito, Gatito,
¿y qué hiciste ahí?"
"¡Asusté a un ratoncito
bajo la silla!"

Púsicat, Púsicat,
¿juér jav yu bin?
Ai jav bin tu London
tu visit de cuín.

Púsicat, Púsicat,
¿and juát did yu du der?
¡Ai fraitend a litl meus
onder de cher!

110

THE SEASONS

LAS ESTACIONES

SPRING
(Primavera)

SUMMER
(Verano)

AUTUMN
(Otoño)

WINTER
(Invierno)

IT IS WINTER.
(Es invierno)

It is wínter.

IT IS VERY COLD.
(Hace mucho frío)

It is verí could.

IN THE NORTH
THERE IS SNOW.
(En el norte hay nieve)

In de north der is snou.

111

PRONUNCIACION

WE MUST WEAR
OUR COATS.
(Debemos usar
nuestros abrigos)

Wi most wer aur couts.

AND HATS.
(y sombreros)

and jats.

AND GLOVES.
(y guantes)

and glovs.

IT IS SPRING.
(Es primavera)

It is spring.

THERE ARE NEW
FLOWERS.
(Hay nuevas flores)

Der ar niú fláuers.

AND THE BIRDS SING.
(y los pájaros cantan)

and de berds sing.

112

PRONUNCIACION

IT IS HOT.
(Hace calor)

It is jot.

IT IS SUNNY.
(Está soleado)

It is sóni.

I LIKE SPRING.
(Me gusta la primavera)

Ai laic spring.

IT IS A HAPPY SEASON.
(Es una estación alegre)

It is a jápi síson.

WE CELEBRATE EASTER.
(Celebramos Pascua)

Wi celebreit Ister.

WE GET A CHOCOLATE
EGG.
(Recibimos un huevo de
chocolate)

Wi guet a chócolet eg.

WE GO ON VACATION.
(Vamos de vacaciones)

Wi gou on vakeishhhon.

113

PRONUNCIACION

WE CAN GO SWIMMING
(Podemos ir a nadar)

Wi can gou suíming.

OR TO THE PARK.
(o al parque)

or tu de parc.

IT IS SUMMER.
(Es verano)

It is sómer.

IT IS STILL HOT.
(Aún hace calor)

It is stil jot.

BUT IT IS RAINING.
(pero está lloviendo)

Bot it is réining.

114

PRONUNCIACION

IT RAINS VERY
MUCH.
(Llueve mucho)

It reins veri moch.

I MUST WEAR A
RAINCOAT.
(Debo usar un impermeable)

Ai most wer a réincout,

AND AN UMBRELLA.
(y una sombrilla)

and an ombréla.

EVERYTHING IS WET.
(Todo está mojado)

Evrithing is wet.

DUCKS LIKE SUMMER!
(A los patos les gusta el
verano)

Docs laic sómer!

115

PRONUNCIACION

IT IS AUTUMN.
(Es otoño)

It is ótom.

IT IS VERY WINDY.
(Hace mucho viento)

It is veri windi.

THE TREES HAVE
BROWN LEAVES.
(Los árboles tienen
hojas cafés)

De tris jav bráun livs.

THE LEAVES FALL OFF.
(Las hojas se caen)

De livs fol off.

VOCABULARY

VOCABULARIO

	Traducción	Pronunciación
spring	primavera	*spring*
summer	verano	*sómer*
autumn	otoño	*ótom*
winter	invierno	*wínter*
hot	caliente/calor	*jot*
cold	frío	*could*
flowers	flores	*fláuers*
birds	pájaros	*berds*
It is...	Hace... (es)	*It is*
rain	lluvia	*rein*
egg	huevo	*eg*
Easter	pascua	*íster*
sunny	soleado	*sóni*
sun	sol	*son*
sing	cantar	*sing*
snow	nieve	*snou*
happy	alegre	*jápi*
swim	nadar	*suim*
trees	árboles	*tris*
leaves	hojas (plural)	*livs*
leaf	hoja (singular)	*lif*
windy	airoso, con mucho viento	*windi*
still	todavía, aún	*stil*
new	nuevo	*niú*
park	parque	*parc*

	Traducción	**Pronunciación**
chocolate	chocolate	*chócolet*
vacation	vacación	*vakeishhhon*
but	pero	*bot*
fall off	caerse	*fol off*
ducks	patos	*docs*
raincoat	impermeable, gabardina	*rëincout*
umbrella	sombrilla	*ombréla*
coat	abrigo	*cout*
gloves	guantes	*glovs*
hats	sombreros, gorros	*jats*
very	muy	*veri*

PRACTICE

PRACTICA

IS IT HOT IN SPRING?
(¿Hace calor en primavera?)
Is it jot in spring?

YES, IT IS VERY HOT.
(Sí, hace mucho calor)
Yes, it is veri jot.

DO YOU WEAR A COAT IN SPRING?
(¿Usas abrigo en primavera?)
Du yu wer a cout in spring?

NO, I DO NOT WEAR A COAT IN SPRING.
(No, no uso abrigo en primavera)
Nou, ai du not wer a cout in spring.

HOW MANY SEASONS ARE THERE?
(¿Cuántas estaciones hay?)
Jáo meni sísons ar der?

THERE ARE FOUR SEASONS.
(Hay cuatro estaciones)
Der ar for sísons.

WHICH ARE THEY?
(¿Cuáles son?)
Juich ar dei?

THEY ARE SPRING, SUMMER, AUTUMN AND WINTER.
(Son primavera, verano, otoño e invierno)
Dei ar spring, sómer, ótom and wínter.

WHEN DO WE CELEBRATE CHRISTMAS?
(¿Cuándo celebramos Navidad?)
Juén du wi celebreit crismas?

WE CELEBRATE CHRISTMAS IN WINTER.
(Celebramos Navidad en invierno)
Wi celebreit crismas in winter.

WHEN DO WE CELEBRATE EASTER?
(¿Cuándo celebramos Pascua?)
Juén du wi celebreit íster?

WE CELEBRATE EASTER IN SPRING.
(Celebramos Pascua en primavera)
Wi celebreit íster in spring.

WHICH IS THE RAINY SEASON?
(¿Cuál es la estación lluviosa?)
Juích is de reini síson?

SUMMER IS THE RAINY SEASON.
(El verano es la estación lluviosa)
Sómer is de reini síson.

DO YOU WEAR A RAINCOAT THEN?
(¿Usas abrigo entonces?)
Du yu wer a réincout den?

YES, I DO.
(Sí, lo hago)
Yes, ai du.

WHAT HAPPENS IN AUTUMN?
(¿Qué pasa en el otoño?)
Juát jápens in ótom?

THE LEAVES OF THE TREES FALL OFF.
(Las hojas de los árboles se caen)
De lifs of de tris fol off.

THE CAPITAL LETTERS

LAS MAYUSCULAS

EN INGLES se utilizan las mayúsculas:

1) Al principio de una oración.
   The cat is black.
   (El gato es negro)

2) Con la palabra "I" (yo).
   My brother and I...
   (Mi hermano y yo...)

3) Con los nombres propios.
   Mary, José, George, Jim

4) Con los apellidos.
   Martínez, Stevens, Paz

5) Con los meses del año.
   January, February, etc.
   (enero, febrero, etc.)

6) Con los días de la semana.
   Monday, Tuesday, Sunday, etc.
   (lunes, martes, domingo, etc.)

7) Con títulos de libros y de poemas.
"The Sleeping Beauty"
("La Bella Durmiente")

8) Con días de celebración.
Independence Day
(Día de la Independencia)

9) Con nombres de religiones y sectas
Catholic, Protestant, Jew
(católico, protestante, judío)

10) Con gentilicios (nombres derivados de lugares).
Mexican, English, Japanese
(mexicano, inglés, japonés)

11) Con las palabras Mother, Father, Grandmother, Grandfather, Aunt, Uncle, Cousin, etc. (nombres de parientes), siempre y cuando no lleven antes un adjetivo posesivo (my, your, his, her, our, your, their).
Carol and Father went to tne market.
(Carol y papá fueron al mercado.)

12) Nombres de instituciones, como escuelas y compañías
St. Mary's School
Mexicana de Aviación

PRACTICE

PRACTICA

PRONUNCIACION

My sister and I play together.
(Mi hermana y yo jugamos juntas)

Mai sister and Ai plei tugueder.

I was born in January.
(Yo nací en enero)

Ai was born in Yániuari.

His name is Andrew.
(Su nombre es Andrés)

Jis neim is Andriu.

Today is Monday.
(Hoy es lunes)

Tudéi is Móndei.

Do you know the story of "The Ugly Ducking"?
(¿Conoces la historia de "El Patito Feo"?)

Du yu nou de stori of de Ogli Dóking?

We celebrate Mother's Day in May.
(Celebramos el Día de las Madres en mayo)

Wi celebreit Móders Dei in Mei.

Are you Catholic?
(¿Eres católico?)

Ar yu Cátholic?

No, I am a Moslem.
(No, soy musulmán)

Nou, ai am a Moslem.

PRONUNCIACION

Mother came with
Cousin Janice.
(Mamá vino con la
prima Janice)

Móder keim wid cósin Yánis.

THE DAYS OF THE WEEK

LOS DIAS DE LA SEMANA

PRONUNCIACION

THE DAYS OF THE WEEK ARE:
Los días de la semana son:

De deis of de wik ar:

MONDAY	(lunes)	*Móndei*
TUESDAY	(martes)	*Tiúsdei*
WEDNESDAY	(miércoles)	*Wénsdei*
THURSDAY	(jueves)	*Thérsdei*
FRIDAY	(viernes)	*Fráidei*
SATURDAY	(sábado)	*Sáturdei*
SUNDAY	(domingo)	*Sóndei*

¿Te fijas cómo todos terminan en DAY (que significa día)?
Recuerda que siempre se escriben con mayúscula.

THE MONTHS OF THE YEAR

LOS MESES DEL AÑO

	Traducción	Pronunciación
JANUARY	enero	*Yániuari*
FEBRUARY	febrero	*Fébruari*
MARCH	marzo	*March*
APRIL	abril	*Éiprol*
MAY	mayo	*Mei*
JUNE	junio	*Yun*
JULY	julio	*Yulái*
AUGUST	agosto	*Ogost*
SEPTEMBER	septiembre	*Septémber*
OCTOBER	octubre	*Octóuber*
NOVEMBER	noviembre	*Novémber*
DECEMBER	diciembre	*Dicémber*

Recuerda que los meses del año en inglés siempre se escriben con mayúscula.

THE PLANETS

LOS PLANETAS

WHAT IŞ EARTH?
(¿Qué es la Tierra?)

Juát is Erth?

IT IS THE PLANET
WHERE WE LIVE.
(Es el planeta donde
vivimos.)

It is de plánet juér wi liv.

IS IT THE ONLY PLANET?
(¿Es el único planeta?)

Is it di óunli plánet?

NO, THERE ARE NINE
PLANETS
(No, hay nueve
planetas)

*Nou, der ar nain
plánets*

IN OUR SOLAR SYSTEM.
(en nuestro sistema solar.)

in aur sólar sístem.

PRONUNCIACION

WHICH ARE THEY?
(¿Cuáles son?)

Juích ar dei?

THEY ARE: MERCURY,
(Son: Mercurio,)

Dei ar: Mérkiuri,

VENUS, EARTH, MARS,
(Venus, Tierra, Marte,)

Vínus, Erth, Mars,

JUPITER, SATURN,
URANUS,
(Júpiter, Saturno, Urano,)

Yúpiter, Sáturn, Yuránus,

NEPTUNE AND PLUTO.
(Neptuno y Plutón.)

Népchun and Plúto.

WHICH IS THE BIGGEST
PLANET?
(¿Cuál es el planeta más
grande?)

Juích is de bíguest plánet?

JUPITER IS THE
BIGGEST ONE.
(Júpiter es el más
grande.)

Yúpiter is de bíguest uan.

WHAT ELSE IS IN
SPACE?
(¿Qué más hay en el
espacio?)

Juát els is in spéis?

130

PRONUNCIACION

THERE ARE STARS,
CONSTELLATIONS,
(Hay estrellas,
constelaciones,)

Der ar stars, consteléishhons,

COMETS, SATELLITES
AND METEORS.
(cometas, satélites y
meteoros.)

Cómets, sátelaits and mítiors.

WHICH IS THE EARTH'S
SATELLITE?
(¿Cuál es el satélite de la
Tierra?)

Juích is di Erth's sátelait?

IT IS THE MOON.
(Es la luna.)

It is de mún.

HOW MANY SATELLITES
DOES THE EARTH HAVE?
(¿Cuántos satélites tiene
la Tierra?)

*Jáo méni sátelaits
dos di Erth jav?*

IT HAS ONLY ONE.
(Tiene sólo uno.)

It jas óunli uán.

WHAT IS A
CONSTELLATION?
(¿Qué es una constelación?)

Juát is a consteléishhon?

PRONUNCIACION

IT IS A GROUP OF
STARS.
(Es un grupo de
estrellas.)

It is a grup of stars.

WHAT IS THE SUN?
(¿Qué es el sol?)

Juát is de son?

IT IS THE CENTER OF
OUR SOLAR SYSTEM.
(Es el centro de nuestro
sistema solar.)

*It is de cénter of aur
sóular sístem.*

VOCABULARY

VOCABULARIO

	Traducción	Pronunciación
planet	planeta	*plánet*
solar system	sistema solar	*sóular sístem*
Mercury	Mercurio	*Mérkiuri*
Venus	Venus	*Vínus*
Earth	Tierra	*Erth*
Mars	Marte	*Mars*
Jupiter	Júpiter	*Yúpiter*
Uranus	Urano	*Yuránus*
Neptune	Neptuno	*Népchun*
Pluto	Plutón	*Plúto*
star	estrella	*star*
comet	cometa	*cómet*
constellation	constelación	*consteléishhcn*
only	único	*óunli*
satellite	satélite	*sátelait*
meteor	meteoro	*mítior*
moon	luna	*mún*
space	espacio	*spéis*
center	centro	*cénter*
group	grupo	*grup*
sun	sol	*son*
How many?	¿Cuántos?	*jáo mĕni?*
Which is...?	¿Cuál es...?	*juích is...?*
There are...	Hay... (plural)	*Der ar...*
There is...	Hay... (singular)	*Der is...*
It is...	Es...	*It is...*

THE ADJECTIVES

LOS ADJETIVOS

Adjetivos son las palabras que califican o dicen algo del sustantivo, como nuevo, viejo, pobre, rico, bueno o malo. La diferencia principal entre los adjetivos en inglés y los adjetivos en español, es que en inglés no tienen GENERO ni NUMERO -esto es, no cambian según de lo que se hable, ya sea femenino, masculino, singular o plural.

Ejemplo:

The good boy	*(De gud boi)*	El niño bueno
The good girl	*(De gud guerl)*	La niña buena
The good boys	*(de gud bois)*	Los niños buenos
The good girls	*(De gud guerls)*	Las niñas buenas

Otra diferencia importante es que los adjetivos en inglés van siempre ANTES del sustantivo.

Ejemplo:

A red apple	*(a red ápol)*	Una manzana roja
That is a big house	*(Dat is a big jaus)*	Esa es una casa grande

Comparativo
Para formar el comparativo de un adjetivo se agrega a éste la terminación "ER" y la palabra THAN inmediatamente después.

Ejemplo:

I am younger than my sister.
(Yo soy más joven que mi hermana)
Ai am yonguer dan mai síster.

COMPARATIVO =
ADJETIVO + TERMINACION "ER" + THAN
+ SUSTANTIVO AL QUE SE CALIFICA

Para formar el comparativo de los adjetivos de MAS DE DOS SILABAS (como wonderful), NO SE AGREGA "ER" sino que se antepone la palabra MORE (más) al adjetivo y se agrega THAN.

Ejemplo:

He is more intelligent than me.
(El es más inteligente que yo)
Ji is mor intéliyent dan mí.

MORE + ADJETIVO SIN MODIFICAR + THAN +
SUSTANTIVO AL QUE SE CALIFICA

Superlativo
Para indicar que algo es EL MAS (bonito, caro, etc.) se antepone el artículo THE al adjetivo y a éste se le agrega la terminación EST.

THE + ADJETIVO + TERMINACION "EST"
+ SUSTANTIVO AL QUE SE CALIFICA

Ejemplo:

This is the newest house.   (Esta es la casa más nueva)
I am the oldest brother.   (Yo soy el hermano más grande)

Solamente los adjetivos de más de dos sílabas forman su superlativo anteponiendo THE MOST al adjetivo (sin modificar el adjetivo para nada).

THE + MOST + ADJETIVO SIN MODIFICAR
+ SUSTANTIVO AL QUE SE CALIFICA

Ejemplo:
This is the most expensive dress.
(Este es el vestido más caro)

We have the most beautiful kitten.
(Tenemos el gatito más bonito)

Algunos adjetivos cambian completamente. Aquí encontrarás los más comunes.

	COMPARATIVO	SUPERLATIVO	
good	better than	the best	(bueno)
far	farther than	the farthest	(lejano)

Los adjetivos que terminan en "Y" deberán cambiar su "Y" por "i" al agregárseles las terminaciones ER o EST.

Ejemplo:
angry	angrier than	the angriest	(enojado)
pretty	prettier than	the prettiest	(bonito)
dirty	dirtier than	the dirtiest	(sucio)
funny	funnier than	the funniest	(chistoso)

VOCABULARY

VOCABULARIO

	Traducción	Pronunciación
Good	bueno	*gud*
Rich	rico	*rich*
Happy	alegre	*japi*
High	alto	*jai*
Tall	alto (persona)	*tol*
Pretty	bonito	*priti*
Thick	grueso	*thic*
Fat	gordo	*fat*
Difficult	difícil	*díficult*
Strong	fuerte	*strong*
Hard	duro	*jard*
Square	cuadrado	*scuer*
Expensive	caro	*expénsiv*
Angry	enojado	*ángri*
Beautiful	hermoso	*biútiful*
Interesting	interesante	*intresting*
Young	joven	*yong*
Near	cerca	*níer*
Over	arriba	*óuver*
Early	temprano	*erli*
Dirty	sucio	*dérti*
Hot	caliente	*jot*
Bad	malo	*bad*
Poor	pobre	*pur*
Sad	triste	*sad*
Low	bajo	*lou*
Short	corto/chaparro	*shhort*
Ugly	feo	*ógli*
Thin	delgado	*thin*
Easy	fácil	*ísi*
Weak	débil	*wik*

	Traducción	**Pronunciación**
Soft	suave	*soft*
Round	redondo	*ráund*
Cheap	barato	*chip*
Glad	contento	*glad*
Horrible	horrible	*jórribol*
Boring	aburrido	*bóring*
Old	viejo	*óuld*
Far	lejos	*far*
Under	abajo	*ónder*
Late	tarde	*léit*
Clean	limpio	*clin*
Cold	frío	*could*

PRACTICE

PRACTICA

THIS IS A GOOD BOOK.
(Este es un buen libro)
Dis is a gud buc.

WE HAVE A RICH NEIGHBOR.
(Tenemos un vecino rico)
Wi jav a rich néibor.

I KNOW A HAPPY SONG.
(Yo conozco una canción alegre)
Ai nou a jápi song.

THOSE ARE WHITE CLOUDS.
(Esas son nubes blancas)
Dous ar juáit clauds.

I HAVE A TALL FATHER.
(Yo tengo un papá alto)
Ai jav a tol fader.

THAT IS AN UGLY SPIDER.
(Esa es una araña fea)
Dat is an ógli spaider.

MEXICO IS A BEAUTIFUL COUNTRY.
(México es un país bello)
Mécsico is a biútiful contri.

THESE ARE MY NEW SHOES.
(Estos son mis zapatos nuevos)
Dis ar mai niú shus.

COMPLETA LAS ORACIONES CON
COMPARATIVO O SUPERLATIVO

This is _____ jewel.
     expensive
(Esta es la joya más cara) *(superlativo)*

My house is _____ yours.
     old
(Mi casa es más vieja que la tuya) *(comparativo)*

Do you have _____ homework?
     clean
(¿Tienes la tarea más limpia?) *(superlativo)*

Is your father _____ your mother?
     old
(¿Tu papá es más grande que tu mamá?) *(comparativo)*

Rocks are _____ paper.
     hard
(Las piedras son más duras que el papel) *(comparativo)*

Mexico is _____ Alaska
     hot
(México es más caliente que Alaska) *(comparativo)*

Europe is _____ Acapulco.
     far
(Europa está más lejos que Acapulco) *(comparativo)*

Mexico City is _____ city in America.
 old
(La Ciudad de México es la ciudad más antigua de América)

I speak _____ English _____ Russian.
 good
(Yo hablo mejor inglés que ruso) *(comparativo)*

THE PARTY

LA FIESTA

PRONUNCIACION

TODAY IS MY BIRTHDAY.
(Hoy es mi cumpleaños)

Tudéi is mai bérdei.

I WILL HAVE A PARTY.
(Tendré una fiesta)

Ai wil jav ei párti.

ALL MY FRIENDS
WILL COME.
(Todos mis amigos vendrán)

Ol mai frends wil com.

THERE WILL BE A
BIG PIÑATA,
(Habrá una piñata grande)

Der wil bí a big piñata,

AND BALLOONS,
(y globos)

and balúns,

AND CANDY,
(y dulces)

and cándi,

PRONUNCIACION

AND A BIG CHOCOLATE
CAKE!
(¡y un gran pastel de
chocolate!)

and a big chócolet keik!

MY FRIENDS WILL
BRING ME PRESENTS.
(Mis amigos me traerán
regalos)

*Mai frends wil bring
mí présents.*

MAYBE A CAR,
(Tal vez un coche)

Méibi a car,

OR SOCKS,
(o calcetines)

or socs,

OR A BOOK.
(o un libro.)

or a buc.

144

PRONUNCIACION

MY MOTHER MADE
MY CAKE.
(Mi mamá hizo mi pastel.)

Mai móder meid mai keik.

SHE LOVES ME
VERY MUCH.
(Ella me quiere mucho.)

Shhi lovs mí veri moch.

SHE SANG "LAS
MAÑANITAS" FOR ME.
(Me cantó "Las Mañanitas")

*Shhi sang "Las
Mañanitas" for mí.*

WHILE MY FATHER
PLAYED THE GUITAR.
(Mientras mi papá
tocaba la guitarra.)

Juáil mai fáder pleid de guitár.

I MUST NOT EAT
TOO MUCH CAKE.
(No debo comer
demasiado pastel.)

Ai most not it tú moch keik.

OR I WILL HAVE A
STOMACH ACHE TONIGHT.
(O tendré dolor de estómago
esta noche.)

Or ai wil jav a stómac eik tunáit.

I CAN EAT MORE CAKE
TOMORROW MORNING.
(Puedo comer más pastel
mañana en la mañana.)

*Ai can it mor keik
tumórrou morning.*

VOCABULARY

VOCABULARIO

	Traducción	**Pronunciación**
Today	hoy	*tudéi*
my	mi	*mai*
birthday	cumpleaños	*bérdei*
will have		
(futuro de *have*)	tendré	*wil jav*
party	fiesta	*párti*
all	todos	*ol*
friends	amigos	*frends*
will come		
(futuro de *come*)	vendrán	*wil com*
there will be		
(futuro de *be*)	habrá	*der wil bi*
big	gran/grande	*big*
balloons	globos	*balúns*
candy	dulces	*cándi*
chocolate	chocolate	*chócolet*
cake	pastel	*keik*
will bring		
(futuro de *bring*)	traerán	*wil bring*
me	a mí	*mí*
presents	regalos	*présents*
maybe	tal vez/quizá	*méibi*
car	coche	*car*
socks	calcetines	*socs*
book	libro	*buc*
made		
(pasado de *make*)	hizo	*meid*
love	amar/querer	*lov*
very much	mucho	*veri moch*
she	ella	*shhi*

Traducción Pronunciación

	Traducción	Pronunciación
sang (pasado de *sing*)	cantó	*sang*
while	mientras	*juáil*
played (pasado de *play*)	tocar un instrumento musical (o jugar)	*pléid*
guitar	guitarra	*guítar*
must not eat	no debo comer	*most not ít*
too much	demasiado	*tú moch*
stomach ache	dolor de estómago	*stómac eik*
tonight	esta noche	*tunáit*
more	más	*mor*
tomorrow	mañana (no hoy)	*tumórrou*
morning	mañana (hora del día)	*morning*
afternoon	tarde (hora del día)	*áfternun*
evening	noche	*ívening*

PRACTICE

PRACTICA

PRONUNCIACION

WHY DO YOU HAVE A PARTY?
(¿Por qué tienes una fiesta?)

Juái du yu jav ei párti?

BECAUSE IT IS MY BIRTHDAY
(Porque es mi cumpleaños.)

Bicós it is mai bérdei.

WHO WILL COME TO
THE PARTY?
(¿Quién vendrá a la fiesta?)

Jú wil com tu de párti?

MY FRIENDS WILL COME.
(Mis amigos vendrán.)

Mai frends wil com.

WILL THEY BRING PRESENTS?
(¿Traerán regalos?)

Wil dei bring présents?

WHAT KIND OF PRESENTS?
(¿Qué clase de regalos?)

Juát caind of présents?

SOCKS OR BOOKS.
(Calcetines o libros.)

Socs or bucs.

WHAT WILL YOU HAVE
AT THE PARTY?
(¿Que tendrás en la fiesta?)

Juát wil yu jav at de párti?

148

PRONUNCIACION

I WILL HAVE BALLOONS,
CANDY AND A PIÑATA.
(Tendré globos, dulces y
una piñata.)

Ai wil jav balúns
cándi and a piñata.

WHO MADE THE CAKE?
(¿Quién hizo el pastel?)

Jú meid de keik?

MY MOTHER MADE IT.
(Mi mamá lo hizo.)

Mai móder meid it.

IS IT A CHOCOLATE
CAKE?
(¿Es un pastel de
chocolate?)

Is it a chócolet keik?

YES, IT IS A
CHOCOLATE CAKE.
(Sí, es un pastel
de chocolate)

Yes, it is a chócolet keik.

WHAT WILL HAPPEN
IF YOU EAT TOO MUCH CAKE?
(¿Qué pasará si comes
demasiado pastel?)

Juát wil jápen if yu
it tú moch keik?

I WILL HAVE A
STOMACH ACHE TONIGHT.
(Tendré dolor de estómago
esta noche.)

Ai wil jav a stómac
eik tunáit.

149

"HAPPY BIRTHDAY"

HAPPY BIRTHDAY, TO YOU!
HAPPY BIRTHDAY, TO YOU!
HAPPY BIRTHDAY, DEAR...
HAPPY BIRTHDAY, TO YOU!

Feliz Cumpleaños a ti
Feliz Cumpleaños a ti
Feliz Cumpleaños, querido
Feliz Cumpleaños a ti.

Japi bérdei tu yu
Japi bérdei tu yu
Japi bérdei dier
Japi bérdei tu yu.

THE DOCTOR

EL DOCTOR

WHAT IS THE MATTER?
(¿Qué pasa?)

Juát is de máter?

I DON'T FEEL WELL.
(No me siento bien.)

Ai dóunt fil wel.

REALLY?
(¿Deveras?)

Ríli?

YES, MY HEAD HURTS
VERY MUCH.
(Sí, me duele mucho
la cabeza.)

*Yes, mai jed jerts
veri moch.*

I WILL RING THE
DOCTOR.
(Voy a llamar
al doctor.)

Ai wil ring de dóctor.

PRONUNCIACION

HERE HE IS.　　　　　　　　　　　　　　　　Jíer ji is.
(Aquí está él.)

HELLO! WHAT IS THE　　　　　　　　¡Jelóu! juát is de máter
MATTER WITH YOU?　　　　　　　　　　　　　wid yu?
(¡Hola! ¿Qué es
lo que pasa contigo?)

I DON'T KNOW.　　　　　　　　　　　　　Ai dóunt nou.
(No sé.)

LET ME SEE.　　　　　　　　　　　　　　　Let mi sí.
(Déjame ver.)

OPEN YOUR MOUTH.　　　　　　　　　　Oupen yur máud.
(Abre la boca.)

PRONUNCIACION

NOW I WILL USE THE
THERMOMETER.
(Ahora utilizaré el
termómetro.)

*Náo, ai wil ius de
thermómeter.*

YOU HAVE FEVER.
(Tienes fiebre.)

Yu jav fíver.

AND A BAD STOMACH.
(Y estás enfermo
del estómago.)

And a bad stómac.

HAVE YOU BEEN EATING
CHOCOLATES?
(¿Has estado comiendo
chocolates?)

Jav yu bin íting chóclets?

YES, DOCTOR, LOTS.
(Sí, doctor, muchos.)

Yes, dóctor, lots.

SO THAT IS WHY
YOU ARE SICK.
(Así que por eso estás
enfermo.)

Sou, dat is juaí yu ar sic.

YOU MUST NOT EAT TOO
MANY CHOCOLATES,
(No debes comer
demasiados chocolates,)

*Yu most not it tu
meni chóclets,*

PRONUNCIACION

OR CANDY,
(o dulces)

or cándi

OR SOFT DRINKS.
(o refrescos.)

or soft drinks.

THEY ARE ALL BAD FOR
YOUR TEETH AND
YOUR STOMACH
(Son todos malos para tus
dientes y para tu estómago.)

*Dei ar ol bad for yur
tith and yur stómac.*

PRONUNCIACION

FOR A FEW DAYS,
(Durante unos pocos días.)

For a fiú deis,

YOU WILL EAT BOILED
CHICKEN AND BROTH.
(Comerás pollo cocido
y caldo.)

*Yu wil it bóild
chíken and broth.*

NOTHING ELSE.
(Nada más.)

Nóthing els.

UNTIL YOU RECOVER.
(Hasta que te recuperes.)

Ontil yu ricóver.

UNDERSTOOD?
(¿Entendido?)

Onderstúd?

YES, DOCTOR.
(Sí, doctor.)

Yes, dóctor.

I WILL BE A GOOD BOY.
(Seré un buen niño.)

Ai wil bi a gud boi.

AND DON'T FORGET TO
TAKE YOUR MEDICINE!
(¡Y no olvides tomar
tu medicina!)

*And dóunt forguet to
teik yur médicin!*

155

VOCABULARY

VOCABULARIO

	Traducción	Pronunciación
doctor	médico	*dóctor*
feel	sentirse, sentir	*fil*
well	bien	*wel*
real	verdadero	*ril*
really	realmente	*ríli*
head	cabeza	*jed*
hurt	doler	*jert*
ring	llamar por teléfono	*ring*
Here	aquí	*jíer*
don't (contracción de *do not*)	no	*dóunt*
Let	dejar	*let*
see	ver	*sí*
open	abrir, abierto	*óupen*
mouth	boca	*máud*
now	ahora	*náo*
thermometer	termómetro	*thermómeter*
fever	fiebre, calentura	*fíver*
bad	malo	*bad*
stomach	estómago	*stómac*
sick	enfermo	*sic*
have you been...?	has estado..?	*jav yu bin...?*
soft drinks	refrescos	*soft drinks*
teeth (plural)	dientes	*tith*
tooth (singular)	diente	*tuth*
medicine	medicina	*médicin*
take	tomar	*teik*

	Traducción	**Pronunciación**
nothing	nada	*nóthing*
else	más	*els*
boiled	cocido	*bóild*
chicken	pollo	*chíken*
broth	caldo	*broth*
understand	entender	*onderstánd*
understood	entendido	*onderstúd*
until	hasta que	*ontíl*
recover	recobrar, recuperarse	*ricóver*
forget	olvidar	*forguet*
boy	niño	*boi*

POEM

POEMA

AN APPLE A DAY
KEEPS THE DOCTOR AWAY.

Una manzana al día
mantiene al doctor alejado.

*An ápol a dei
kips de dóctor awei.*

MI PRIMER POEMA EN INGLES

"THERE WAS AN OLD WOMAN
WHO LIVED IN A SHOE;
SHE HAD SO MANY CHILDREN
SHE DIDN'T KNOW WHAT TO DO.
SHE GAVE THEM SOME BROTH
WITHOUT ANY BREAD,
AND KISSED THEM ALL SOUNDLY
AND SENT THEM TO BED!"

Había una viejita
que vivía en un zapato;
tenía tantos niños
que no sabía qué hacer.
Les dio algo de caldo
sin ningún pan,
¡les dio un beso tronado
y los mandó a la cama!

Der was an ould guman
ju livd in a shhu;
shhi jad sou meni chíldren
shhi dídont nou juat tu dú.
Shhi gueiv dem som brod
widaut eni bred,
and kisd dem ol sáundli
and sent dem tu bed!

VOCABULARY

VOCABULARIO

	Traducción	Pronunciación
There was	había	*der was*
an	una	*an*
old	vieja	*ould*
woman	mujer	*guman*
who	quien	*ju*
lived (pasado de *live*)	vivía	*livd*
in	en	*in*
shoe	zapato	*shhu*
so many	tantos	*sou meni*
children	niños	*chíldren*
didn't know (pasado neg. de *know*)	no sabía	*dídont nou*
what	qué	*juat*
to do	hacer	*tu dú*
gave (pasado de *give*)	dio	*gueiv*
them	a ellos	*dem*
some	algo de	*som*
broth	caldo	*brod*
without	sin	*widaut*
any	nada	*eni*
bread	pan	*bred*
kiss	beso, besar	*kis*
kissed (pasado de *kiss*)	besó	*kísd*
soundly	sonoramente	*sáundli*
sent (pasado de *send*)	mandó	*sent*
to bed	a la cama	*tu bed*

THE VERBS

LOS VERBOS

Los verbos en inglés son muy fáciles. Tienen solamente cuatro variaciones al escribirse: Presente, Pasado, Participio y Gerundio.

EJEMPLO:
(Comenzar)

Presente	Pasado	Participio	Gerundio
start	started	started	starting
(Comienzo)	(comencé)	(comenzado)	(comenzando)

Vamos a ver primero el Presente:
En el tiempo presente de casi todos los verbos sólo se agrega una "s" al final del verbo al conjugar la tercera persona del singular: él, ella, ello (he, she, it), mientras que con las demás personas, el verbo no sufre ningún cambio.

Ejemplo: El verbo "comenzar"

I start	(Yo comienzo)
You start	(Tú comienzas)
He starts	(El comienza)
She starts	(Ella comienza)
It starts	(Ello comienza)
We start	(Nosotros comenzamos)
You start	(Ustedes comienzan)
They start	(Ellos comienzan)

¿Te fijas que "tú" y "ustedes" se conjugan igual siempre en inglés?

El verbo más irregular es el verbo TO BE (ser o estar). Ese verbo se conjuga como sigue:

	Traducción	Pronunciación
I AM	(Yo soy)	*Ai am*
YOU ARE	(Tú eres)	*Yu ar*
HE IS	(El es)	*Ji is*
SHE IS	(Ella es)	*Shhhi is*
WE ARE	(Nosotros somos)	*Wi ar*
YOU ARE	(Ustedes son)	*Yu ar*
THEY ARE	(Ellos son)	*Dei ar*

164

PRONOMBRE + DO NOT + VERBO

Ejemplo: El verbo "comenzar" (To start)

I DO NOT START
(Yo no comienzo)   *Ai du not start*
YOU DO NOT START
(Tú no comienzas)   *Yu du not start*
HE DOES NOT START
 (El no comienza)   *Ji dos not start*
SHE DOES NOT START
(Ella no comienza)   *Shhhi dos not start*
WE DO NOT START
(Nosotros no comenzamos)   *Wi du not start*
YOU DO NOT START
(Ustedes no comienzan) *Yu du not start*
THEY DO NOT START
(Ellos no comienzan)   *Dei du not start*

Ejemplo:

	Traducción	**Pronunciación**
Do you start?	¿Empiezas?	*Du yu start?*
Does he eat?	¿El come?	*Dos ji it?*

Fíjate cómo el verbo principal (start) no cambia nunca cuando lleva verbo auxiliar.

DO (O DOES) + PRONOMBRE +
VERBO PRINCIPAL SIN CONJUGAR + COMPLEMENTO

Para responder a preguntas en presente en forma corta, se utilizan DO y DOES, como sigue:

Ejemplo:

	Traducción	**Pronunciación**
Do you like cake?	¿Te gusta el pastel?	*Du yu laic keik?*
Yes, I do.	Sí, me gusta.	*Yes, ai du.*
Does he study?	¿Estudia él?	*Dos ji stodi?*
Yes, he does.	Sí, él estudia.	*Yes, ji dos.*

El Pasado

El pasado de los verbos se utiliza para indicar una acción que ya sucedió. Siempre se usa con Ayer, la Semana Pasada, el Mes Pasado, Hace un Año, etcétera.

Para formar el pasado de los verbos regulares en inglés (que son la mayoría) solamente se agrega ED al final del verbo, en todas las personas, sin que cambie jamás.

VERBO + ED

Ejemplo:

Play	(jugar)
I played	(yo jugué)
You played	(tú jugaste)
He played	(él jugó)
She played	(ella jugó)
It played	(eso jugó) (animales o cosas)
We played	(nosotros jugamos)
You played	(ustedes jugaron)
They played	(ellos jugaron)

> **Los verbos irregulares generalmente cambian la vocal de en medio del verbo al conjugarse en inglés. Pero no cambian en ninguna persona.**

Ejemplo: swim (nadar)

Presente   Pretérito (pasado)

I swim (yo nado)   I swam (yo nadé)
You swim (tú nadas)   You swam (tú nadaste)
He swims (él nada)   He swam (él nadó)
She swims (ella nada)   She swam (ella nadó)
It swims (eso nada)   It swam (eso nadó)
We swim (nosotros nadamos)   We swam (nosotros nadamos)
You swim (Uds. nadan)   You swam (Uds. nadaron)
They swim (ellos nadan)   They swam (ellos nadaron)

Pasado (o pretérito) negativo

> **El pasado negativo se forma con el auxiliar DO (o DOES) en pasado —o sea DID—, el verbo principal sin conjugar y la palabra NOT enmedio de ambos.**

Ejemplo:

I did not like the soup   *Ai did not laik de sup*
(No me gustó la sopa)

168

PRONOMBRE + DID + NOT +
VERBO SIN CONJUGAR + COMPLEMENTO

> **DID se utiliza con todas las personas, no
> cambia como lo hacen DO y DOES en el tiempo
> presente, por lo tanto es mucho más fácil.**

Ejemplo:

We did not go to school.   *Wi did not gou tu scul.*
(No fuimos a la escuela.)
She did not use that tool.   *Shhi did not ius dat tul.*
(Ella no usó esa herramienta.)

Pasado (o pretérito) interrogativo

> **El pasado interrogativo se forma también con
> el auxiliar DID, pero ahora éste irá al princi—
> pio de la oración.**

Ejemplo:

Did you eat?   *Did yu it?*
(¿Comiste?)
Did he learn the lesson? *Did ji lern de léson?*
(¿Aprendió él la lección?)

DID + PRONOMBRE +
VERBO PRINCIPAL SIN CONJUGAR + COMPLEMENTO

169

El Futuro

El futuro se utiliza para indicar una acción que sucederá próximamente. En inglés el tiempo futuro se forma anteponiendo la palabra WILL al verbo principal, el cual va sin conjugar (en ninguna de las personas).

PRONOMBRE + WILL + VERBO PRINCIPAL SIN CONJUGAR

Ejemplo:

Pronunciación

We will play	(Nosotros jugaremos)	*Wi wil plei*
She will run	(Ella correrá)	*Shhhi wil ron*
They will laugh	(Ellos reirán)	*Dei wil laf*

El futuro negativo se forma con

WILL + NOT + VERBO SIN CONJUGAR

Ejemplo:

We will not play	(Nosotros no jugaremos)	*Wi wil not plei*
She will not run	(Ella no correrá)	*Shhhi wil not ron*
They will not laugh	(Ellos no reirán)	*Dei wil not laf*

El futuro interrogativo se forma con

WILL + PRONOMBRE O NOMBRE + VERBO SIN CONJUGAR

Ejemplo:

Pronunciación

Will we play?	(¿Jugaremos?)	*Wil wi plei?*
Will she run?	(¿Ella correrá?)	*Wil shhhi ron?*
Will they laugh?	(¿Ellos reirán?)	*Wil dei laf?*

> **En inglés es indispensable utilizar el nombre o pronombre en la oración, a diferencia del español, donde la persona puede ser tácita, puesto que la conjugación del verbo te indica de qué persona se trata.**

Verbos regulares (a los que sólo se agrega ED en pasado y copretérito):

	Traducción	**Pronunciación**
play		
(played)	jugar	*plei (pleid)*
frighten		
(frightened)	asustar	*fráiten (fráitend)*
believe		
(believed)	creer	*biliv (bilivd)*
laugh		
(laughed)	reír	*laf (lafd)*
look		
(looked)	mirar	*luk (lukd)*
love		
(loved)	querer, amar	*lov (lovd)*
stay		
(stayed)	quedarse	*stei (steid)*
kiss		
(kissed)	besar	*kis (kisd)*
learn		
(learned)	aprender	*lern (lernd)*
dance		
(danced)	bailar	*dans (dansd)*
stop		
(stopped)	detenerse	*stop (stopt)*
continue		
(continued)	continuar	*contíniu (contíniud)*

	Traducción	**Pronunciación**
climb (climbed)	escalar	*claimb (claimbd)*
want (wanted)	querer	*want (wanted)*
try (tried)	tratar, probar	*trai (traid)*
earn (earned)	ganar dinero	*ern (ernd)*
watch (watched)	observar	*wach (wacht)*
plant (planted)	plantar	*plant (planted)*
mix (mixed)	mezclar	*mix (mixt)*
turn (turned)	voltear	*tern (ternd)*
fix (fixed)	componer	*fix (fixt)*
accept (accepted)	aceptar	*acsept (acsepted)*
reject (rejected)	rechazar	*riyect (riyected)*
cook (cooked)	cocinar	*cuk (cukt)*

NOTA: Fíjate cómo en algunos verbos se duplica la última consonante (como en el caso de stop) y en otros la "y" final se convierte en "i" al agregarse ED.

He aquí algunas de las conjugaciones de los verbos irregulares:

Presente	Pasado	Antepresente	Traducc.	Pronunciación
swim (nada)	swam (nadó)	has swum (ha nadado)	(nadar)	*suím - suam - suóm*
ring (suena)	rang (sonó)	has rung (ha sonado)	(sonar)	*ring- rang- rong*
begin (empieza)	began (empezó)	has begun (ha empezado)	(empezar)	*biguín - bigán - bigón*
break (rompe)	broke (rompió)	has broken (ha roto)	(romper)	*breik -brouk -brouken*
see (ve)	saw (vio)	has seen (ha visto)	(ver)	*si -so -sin*
come (viene)	came (vino)	has come (ha venido)	(venir)	*com- keim- com*
eat (come)	ate (comió)	has eaten (ha comido)	(comer)	*it- eit- iten*
do (hace)	did (hizo)	has done (ha hecho)	(hacer)	*du- did- don*
make (hace)	made (hizo)	has made (ha hecho)	(hacer con las manos)	*meik-meid-meid*
sleep (duerme)	slept (durmió)	has slept (ha dormido)	(dormir)	*slip- slept- slept*

wake (despierta)	woke (despertó)	has woken (ha despertaoo)	(despertar) weik- wouk- wouken
teach (enseña)	taught (enseñó)	has taught (ha enseñado)	(enseñar) tich- tot- tot
fight (pelea)	fought (peleó)	has fought (ha peleado)	(pelear) fait - fot - fot
bring (trae)	brought (trajo)	has brought (ha traído)	(traer) bring - brot - brot
drink (bebe)	drank (bebió)	has drunk (ha bebido)	(beber) drink - drank - dronk
draw (dibuja)	drew (dibujó)	has drawn (ha dibujado)	(dibujar) dro - driú - dron
get (obtiene)	got (obtuvo)	has gotten (ha obtenido)	(obtener) guet - got - góten
give (da)	gave (dio)	has given (ha dado)	(dar) guiv - gueiv - guiven
go (va)	went (fue)	has gone (ha ido)	(ir) gou - went - gon
feel (siente)	felt (sintió)	**has felt** (ha sentido)	(sentir) fil - felt - felt
say (dice)	said (dijo)	has said (ha dicho)	(decir) sei- sed- sed
ride (monta)	rode (montó)	**has ridden** (ha montado)	(cabalgar, montar) raid - roud - ríden

Presente	Pasado	Antepresente	Traducc.	Pronunciación
have (tiene)	had (tuvo)	has had (ha tenido)	(tener)	jav - jad - jad
wear (porta)	wore (portó)	has worn (ha portado)	(portar)	wer - wor - worn
tear (desgarra)	tore (desgarró)	has torn (ha desgarrado)	(desgarrar)	ter - tor - torn
win (gana)	won (ganó)	has won (ha ganado)	(ganar)	win - won - won
sing (canta)	sang (cantó)	has sung (ha cantado)	(cantar)	sing - sang - song
take (toma)	took (tomó)	has taken (ha tomado)	(tomar)	teik - tuk - teiken
write (escribe)	wrote (escribió)	has written (ha escrito)	(escribir)	rait - rout - riiten
read (lee)	read (leyó)	has read (ha leído)	(leer)	rid - red - red

Hay verbos en inglés que no cambian al conjugarse a excepción de la "s" que se agrega a la tercera persona del singular en el tiempo presente (He, She, It) y del "ing" que se agrega al final del verbo en el gerundio ("ando", "endo").

Presente	Pretérito	Antepresente	
set	set	has set	(poner, colocar) (la mesa)
put	put	has put	(poner) (algo en su lugar)
cut	cut	has cut	(cortar)
let	let	has let	(permitir)

PRACTICE

PRACTICA

PRONUNCIACION

THIS MORNING I WOKE
UP VERY EARLY
(Esta mañana me levanté
muy temprano)

*Dis morning ai wóuk op
veri erli*

AND ATE A GOOD
BREAKFAST
(y comí un buen
desayuno)

and eit a gud brekfast

BECAUSE I MUST
BE STRONG.
(porque debo estar
fuerte.)

bicós ai most bi strong.

PRONUNCIACION

I AM VERY SMART
(Yo soy muy listo)

Ai am veri smart

AND I WILL LEARN
ENGLISH SOON.
(y aprenderé inglés
pronto.)

and ai wil lern ínglishhh sun.

THIS MORNING CARLA
WOKE UP VERY LATE.
(Esta mañana Carla se
levantó muy tarde.)

*Dis mórning Carla
wóuk op veri leit.*

MY MOTHER WILL COOK
SPAGHETTI TOMORROW.
(Mi mamá cocinará espagueti
mañana.)

*Mai móder wil cuk
spaguéti tumórrou.*

WE DID NOT PLAY BALL
YESTERDAY.
(No jugamos a la pelota ayer.)

*Wi did not plei bol
yésterdei.*

WILL YOU COME?
(¿Vendrás? — o ¿Vendrán?)

Wil yu com?

I WILL NOT EAT SOUP.
(No comeré sopa.)

Ai wil not ít sup.

179

PROFESSIONS

PROFESIONES

WHAT DO CARPENTERS DO?
(¿Qué hacen los carpinteros?)

Juát du cárpenters du?

THEY MAKE FURNITURE
WITH WOOD.
(Hacen muebles con
madera.)

*Dei meik férnichur
wid wud.*

WHAT DO DOCTORS DO?
(¿Qué hacen los médicos?)

Juát du dóctors du?

THEY TAKE CARE OF
YOUR HEALTH.
(Cuidan de tu salud.)

Dei teik ker of yur jelth.

WHAT DO ELECTRICIANS
DO?
(¿Qué hacen los
electricistas?)

*Juát du
electríshhhans du?*

PRONUNCIACION

THEY WORK WITH
ELECTRICITY.
(Trabajan con electricidad.)

Dei werk wid electríciti.

WHAT DO ENGINEERS DO?
(¿Qué hacen los ingenieros?)

Juat do enyiniers du?

THEY CONSTRUCT
BUILDINGS.
(Construyen edificios.)

Dei constróct bíldings.

WHAT DO SECRETARIES
DO?
(¿Qué hacen las secretarias?)

Juát du sécretaris du?

THEY TYPE AND TAKE
SHORTHAND.
(Escriben a máquina y toman
taquigrafía.)

*Dei taip and teik
shhórtjand.*

PRONUNCIACION

WHAT DO BUTCHERS DO?
(¿Qué hacen los carniceros?)

Juát du bútchers du?

THEY SELL MEAT.
(Venden carne.)

Dei sel mit.

WHAT DO BAKERS DO?
(¿Qué hacen los pasteleros?)

Juát du béikers du?

THEY MAKE CAKES.
(Hacen pasteles.)

Dei meik keiks.

WHAT DO SALESMEN DO?
(¿Qué hacen los
vendedores?)

Juát du séilsmen du?

THEY SELL THINGS.
(Venden cosas.)

Dei sel things.

WHAT DO PAINTERS DO?
(¿Qué hacen los pintores?)

Juát du péinters du?

THEY PAINT.
(Ellos pintan.)

Dei peint.

WHAT DO FARMERS DO?
(¿Qué hacen los agricultores?)

Juát du fármers du?

THEY PLANT FRUIT,
VEGETABLES AND CEREALS.
(Plantan fruta, verduras
y cereales.)

*Dei plant frut,
véchtabols and sírials.*

183

PRONUNCIACION

WHAT DOES THE
POSTMAN DO?
(¿Qué hace el cartero?)

Juát dos de poustman du?

HE DELIVERS LETTERS.
(Entrega cartas.)

Ji delívers léters.

WHAT DOES THE
MILKMAN DO?
(¿Qué hace el lechero?)

Juát dos de mílkman du?

HE DELIVERS MILK.
(Entrega leche.)

Ji delívers milk.

WHO TAKES PICTURES?
(¿Quién toma fotografías?)

Jú teiks píkchurs?

THE PHOTOGRAPHER
DOES.
(El fotógrafo lo hace.)

De fotógrafer dos.

WHO MAKE CLOTHES?
(¿Quiénes hacen ropa?)

Jú meik clouds?

THE TAILOR AND THE
DRESSMAKER.
(El sastre y la modista.)

*De téilor and de
dresméiker.*

WHO KEEPS THE ORDER?
(¿Quién mantiene el orden?)

Jú kips de órder?

PRONUNCIACION

THE POLICEMAN.
(El policía.)

De polísman.

VOCABULARY

VOCABULARIO

	Traducción	Pronunciación
carpenter	carpintero	*cárpenter*
doctor	doctor	*dóctor*
electrician	electricista	*electríshhan*
engineer	ingeniero	*enginier*
secretary	secretaria	*sécretari*
butcher	carnicero	*bútcher*
baker	pastelero	*béiker*
salesman	vendedor	*séilsman*
painter	pintor	*péinter*
farmer	agricultor-granjero	*fármer*
postman	cartero	*póustman*
milkman	lechero	*mílkman*
photographer	fotógrafo	*fotógrafer*
tailor	sastre	*téilor*
dressmaker	modista	*dresméiker*
policeman	policía	*polísman*
furniture	muebles	*férnichur*
wood	madera	*wud*
health	salud	*jelth*
electricity	electricidad	*electríciti*
construct	construir	*constróct*
buildings	edificios	*bíldings*
type	mecanografiar	*taip*

	Traducción	**Pronunciación**
take shorthand	tomar taquigrafía	*teik shórtjand*
sell	vender	*sel*
meat	carne	*mit*
paint	pintar	*peint*
plant	plantar	*plant*
fruit	fruta	*frut*
vegetables	verduras	*véchtabols*
cereals	cereales	*sírials*
deliver	entregar	*delíver*
letter	carta	*léter*
milk	leche	*milk*
picture	fotografía	*píkchur*
clothes	ropa	*clouds*
keep	mantener	*kip*
order	orden	*órder*
who?	quién?	*jú?*

THE CLOCK

EL RELOJ

Esta es la sección que te enseñará a leer el reloj en inglés. He utilizado únicamente una hora: las tres, para que te sea más fácil notar la diferencia en el resto de los componentes de la oración.

Para decir media hora se utiliza THIRTY (treinta) o bien HALF (mitad).
Para indicar un cuarto: QUARTER (cuarto) o FIFTEEN (quince)
Para indicar en punto se utiliza O'Clock después del número.

LAS TRES EN PUNTO:
IT IS THREE O'CLOCK.

CUARTO PARA LAS TRES:
IT IS QUARTER TO THREE.

TRES Y CUARTO:
   IT IS THREE FIFTEEN o IT IS QUARTER PAST THREE
   (un cuarto pasando las tres.)
TRES Y MEDIA:
   IT IS THREE THIRTY o IT IS HALF PAST THREE
   (media pasada de las tres.)
VEINTE PARA LAS TRES:
   IT IS TWENTY MINUTES TO THREE O'CLOCK
   (veinte minutos para las tres en punto.)
TRES Y VEINTE:
   IT IS THREE TWENTY.
   (las tres veinte.)
LAS TRES Y CATORCE:
   IT IS THREE FOURTEEN o
   IT IS FOURTEEN MINUTES PAST THREE O'CLOCK
   (catorce minutos pasados de las tres en punto.)

190

WHAT TIME IS IT?
(¿Qué hora es?)
Juát taim is it?

IT IS THREE O'CLOCK.
(Son las tres en punto.)
It is thri oclóc.

WHAT TIME IS IT?
(¿Qué hora es?)
Juát taim is it?

IT IS THREE THIRTY.
(Son las tres y media.)
It is thri thérti.

IT IS THREE FIFTEEN.
(Son las tres y cuarto.)
It is thri fiftin.

IT IS QUARTER TO THREE.
(Es cuarto para las tres.)
It is quárter tu thri.

IT IS TEN PAST THREE.
(Son las tres y diez.)
It is ten past thri.

IT IS THREE FORTY FIVE.
(Son las tres cuarenta y cinco.)
It is thri fórti faif.

191

VOCABULARY

VOCABULARIO

	Traducción	**Pronunciación**
What	¿qué	*juát*
time	tiempo, hora	*taim*
is it?	es?	*is it?*
O'Clock	en punto	*oclóc*
half	media	*jaf*
quarter	cuarto	*quárter*
and	y	*and*
to	para	*tu*
minutes	minutos	*mínits*
hour	hora	*auer*
past	pasados	*past*
at	a las	*at*
At what time?	¿A qué hora?	*At juát taim?*

WHAT TIME IS IT?
It is ———————————————————
(Son las ocho en punto.)

WHAT TIME IS IT?
It is ———————————————————
(Son las siete y media.)

WHAT TIME IS IT?
It is ———————————————————
(Son cuarto para las nueve.)

WHAT TIME IS IT?
It is ———————————————————
(Son las once y diez.)

WHAT TIME IS IT?
It is ———————————————————
(Son las seis y cuarto.)

WHAT TIME IS IT?
It is ———————————————————
(Son las diez y media.)

AT WHAT TIME DO YOU WAKE UP?
(¿A qué hora te despiertas?)
At juát taim du yu weik op?

I WAKE UP AT SEVEN O'CLOCK. (7:00 O'CLOCK)
(Yo despierto a las siete en punto.)
Ai weik op at seven oclóc.

AT WHAT TIME DO YOU GO TO SCHOOL?
(¿A qué hora vas a la escuela?)
At juát taim du yu gou tu scul?

I GO AT SEVEN FORTY FIVE.
(Me voy a las siete cuarenta y cinco.)
Ai gou at séven fórti faif.

HOW MANY HOURS DO YOU STAY?
(¿Cuántas horas permaneces?)
Jáo meni áuers du yu stei?

I STAY FIVE HOURS.
(Permanezco cinco horas.)
Ai stei faif áuers.

AT WHAT TIME DO YOU LEAVE SCHOOL?
(¿A qué hora dejas la escuela?)
At juát taim du yu liv scul?

194

I LEAVE AT ONE O'CLOCK. (1:00 O'CLOCK)
(Salgo a la una en punto.)
Ai liv at uan oclóc.

AT WHAT TIME DO YOU EAT?
(¿A qué hora comes?)
At juát taim du yu it?

MY FAMILY EATS AT TWO THIRTY.
(Mi familia come a las dos y media.)
Mai fámili its at tú thérti.

AT WHAT TIME DO YOU GO TO BED?
(¿A qué hora te acuestas?)
At iuát taim du yu gou tu bed?

I GO TO BED AFTER THE SOAP OPERA
(Me acuesto después de la telenovela)
Ai gou tu bed áfter the soap ópera

AND, WHAT TIME IS THAT?
(Y ¿qué hora es ésa?)
And juát taim is dat?

IT IS EIGHT THIRTY.
(Las ocho y media.)
It is eit thérti.

MUST
& CAN

DEBO
Y PUEDO

MUST significa "deber". Es un verbo auxiliar.

Pronunciación

I must do my homework
Debo hacer mi tarea.   *Ai most du mai jóumwerk.*

She must help her mother.
Ella debe ayudar a su mamá.   *Shhi most jelp jer moder.*

MUST es un verbo que no cambia nunca, ni a femenino o masculino ni a singular ni plural, ni se conjuga según la persona. Siempre es MUST. Para hacer preguntas con MUST, no se utiliza el verbo auxiliar DO; sólo se antepone MUST a la oración.

Ejemplo:
                                      Pronunciación
Must I go?
¿Debo ir?   *Most ai gou?*

Must we eat?
¿Debemos comer?   *Most wi it?*

> **En la forma negativa pasa lo mismo. No se utilizan ni DO ni DOES y el verbo principal no se modifica.**

They must not cry.
Ellos no deben llorar.   *Dei most not crai.*

He must not eat cake.
El no debe comer pastel.   *Ji most not it keik.*

> **CAN significa "poder". Es un verbo auxiliar. Se conjuga exactamente igual que MUST.**

I can sing very well.
Yo puedo cantar muy bien.   *Ai can sing veri wel.*

Can you sing?
¿Puedes cantar?   *Can yu sing?*

She cannot sing.
Ella no puede cantar.   *Shhi canót sing.*

NOTA: En la forma negativa CAN se une a la negación NOT, formando una sola palabra: CANNOT.

> **MAY también significa "poder" (igual que CAN), pero CAN significa Poder de habilidad, mientras que MAY significa Poder de permiso.**

Ejemplo:

Pronunciación

Can she play ball?
¿Puede ella jugar a la pelota?   *Can shhi plei bol?*

May I go with you?
¿Puedo ir contigo?   *Mei ai gou wid yu?*

PRACTICE

PRACTICA

PRONUNCIACION

I MUST DO MY HOMEWORK
(Debo hacer mi tarea.)

Ai most du mai jóumwerk.

I CAN PLAY FOOTBALL
VERY WELL.
(Yo puedo jugar futbol
muy bien.)

Ai can plei futbol veri wel

PRONUNCIACION

MAY I GO TO THE
PARTY?
(¿Puedo ir a la fiesta?)

Mei ai gou tu de parti?

CAN YOU SEE?
(¿Puedes ver?)

Can yu si?

MAY I BORROW
 YOUR PENCIL?
(¿Puedo tomar
prestado tu lápiz?)

Mei ai borrou yur péncil?

MUST YOU GO?
(¿Tienes que ir?)

Most yu gou?

THEY MUST STUDY HARD.
(Ellos deben estudiar
mucho.)

Dei most stodi jard.

WE CANNOT GO TO THE
MOVIES TONIGHT.
(No podemos ir al cine
hoy en la noche.)

*Wi canót gou tu de
muvis tunait.*

MY SISTER CANNOT
DANCE.
(Mi hermana no
puede bailar.)

Mai sister canót dans.

MAGIC WORLD

MUNDO MAGICO

DO YOU BELIEVE IN MAGIC?
(¿Crees en la magia?)
Du yu biliv in mayic?

IT IS ALL AROUND US,
(Está en todo el derredor de nosotros.)
It is ol araund os,

IN FAIRY TALES,
(en cuentos de hadas,)
In feiri teils,

IN GHOST STORIES!
(¡en cuentos de fantasmas!)
In goust storis!

DO YOU LIKE KNIGHTS AND DRAGONS?
(¿Te gustan los caballeros y los dragones?)
Du yu laic naits and drágons?

I PREFER TALES ABOUT PRINCESSES, LIKE THE
SLEEPING BEAUTY.
(Yo prefiero relatos sobre princesas, como La Bella Durmiente.)
Ai prifer teils abaut prínceses laic de sliping biuti.

DO YOU KNOW THE STORY OF CINDERELLA?
(¿Conoces la historia de Cenicienta?)
Du yu nou de stori of Cinderela?

OR THE ONE ABOUT TREASURE ISLAND?
(¿O la de la Isla del Tesoro?)
Or de uan abaut Treshhur Ailand?

I LIKE TO KNOW ABOUT PIRATES
(Me gusta saber sobre piratas)
Ai laic tu nou abaut páirats

AND HIDDEN TREASURES.
(y tesoros escondidos.)
and jíden treshhurs.

MY SISTER LIKES WITCHES
(A mi hermana le gustan las brujas)
Mai síster laics wíches

BUT THEY SCARE ME!
(¡pero a mí me asustan!)
Bot dei sker mi!

WHEN I GROW UP
(Cuando yo crezca)
Juén ai grou op

I WANT TO BE LIKE ROBIN HOOD
(quiero ser como Robin Hood)
Ai want tu bi laic Róbin Jud

AND HELP THE POOR,
(y ayudar a los pobres,)
and jelp de pur,

BUT I AM NOT SURE IF I WANT TO LIVE IN THE FOREST!
(¡Pero no estoy seguro si quiero vivir en el bosque!)
Bot ai am not shhhur if ai want tu liv in de fórest!

VOCABULARY

VOCABULARIO

	Traducción	Pronunciación
Magic	Magia-mágico	*Máyic*
world	mundo	*werld*
believe	creer	*biliv*
around	alrededor	*araund*
fairy tales	cuentos de hadas	*feiri teils*
ghost	fantasma	*goust*
ghost stories	cuentos de fantasmas	*goust storis*
like	gustar	*laic*
knights	caballeros	*naits*
dragons	dragones	*drágons*
prefer	preferir	*prifer*
tales	cuentos/relatos	*teils*
princess	princesa	*prínces*
prince	príncipe	*prins*
The Sleeping Beauty	La Bella Durmiente	*De sliping biúti*
Cinderella	Cenicienta	*Cinderela*
treasure	tesoro	*treshhur*
island	isla	*ailand*
pirates	piratas	*páirats*
hidden	escondido	*jíden*
sister	hermana	*síster*
witches	brujas	*wíches*
scare	asustar	*sker*
grow up	crecer	*grou op*
poor	pobre	*pur*
sure	seguro	*shhhur '*
forest	bosque	*fórest*

PRACTICE

PRACTICA

PRONUNCIACION

WHERE IS MAGIC?
(¿Dónde está la magia?)

Juér is máyic?

MAGIC IS ALL AROUND US.
(La magia está en todo
nuestro derredor)

Máyic is ol araund os.

DO YOU LIKE FAIRY TALES?
(¿Te gustan los cuentos
de hadas?)

Du yu laic feiri teils?

YES, I LIKE THEM VERY
MUCH.
(Sí, me gustan mucho)

Yes, ai laic dem veri moch.

DO YOU LIKE WITCHES?
(¿Te gustan las brujas?)

Du yu laic wiches?

NO, I DO NOT LIKE THEM.
(No, no me gustan)

Nou, ai du not laic dem.

DO PIRATES HAVE
TREASURES?
(¿Tienen tesoros los piratas?)

Du páirats jav treshhurs?

YES, THEY HAVE TREASURES.
(Sí, ellos tienen tesoros)

Yes, dei jav treshhurs.

WHO IS THE SLEEPING BEAUTY?
(¿Quién es la Bella Durmiente?)

Jú is de sliping biúti?

PRONUNCIACION

SHE IS A PRINCESS.
(Ella es una princesa)

Shhhi is a prínces.

WHAT DO YOU WANT TO
BE WHEN YOU GROW UP?
(¿Qué quieres ser cuando
crezcas?)

Juát du yu want tu
bi juén yu grou op?

I WANT TO BE LIKE
ROBIN HOOD.
(Quiero ser como
Robin Hood)

Ai want tu bi laic Róbin Jud.

DO YOU WANT TO
HELP THE POOR?
(¿Quieres ayudar a
los pobres?)

Du yu want tu jelp de pur?

YES, I WANT TO HELP
THE POOR.
(Sí, quiero ayudar a los
pobres)

Yes, ai want tu jelp de pur.

DO YOU WANT TO LIVE
IN THE FOREST?
(¿Quieres vivir en el
bosque?)

Du yu want tu liv in
de fórest?

I AM NOT SURE.
(No estoy seguro)

Ai am not shhhur.

CINDERELLA

LA CENICIENTA

CINDERELLA WAS A LOVELY GIRL.
(Cenicienta era una joven encantadora.)
Cinderela was a lovli guerl.

BUT SHE HAD A WICKED STEPMOTHER!
(¡Pero tenía una malvada madrastra!)
Bot shhi jad a wíked stepmóder!

ONE DAY, CINDERELLA RECEIVED AN INVITATION.
(Un día, Cenicienta recibió una invitación.)
Uan dei Cinderela ricivd an invitéishon.

IT WAS FOR A BALL AT THE PALACE!
(¡Era para un baile en el palacio!)
It was for a bol at de pálas!

BUT SHE HAD NO DRESS TO TAKE.
(Pero no tenía vestido para llevar.)
Bot shhi jad nou dres tu teik.

SO, HER FAIRY GODMOTHER HELPED HER.
(Así que su hada madrina le ayudó.)
Sou jer feiri godmóder jelpd jer.

AND GAVE HER A WONDERFUL DRESS AND CRYSTAL SLIPPERS.
(Y le dio un vestido maravilloso y zapatillas de cristal.)
And gueiv jer a wónderful dres and crístal slípers.

CINDERELLA WENT TO THE BALL AND MET THE PRINCE.
(Cenicienta fue al baile y conoció al príncipe.)
Cinderela went tu de bol and met de prins.

CINDERELLA AND THE PRINCE DANCED ALL NIGHT.
(Cenicienta y el príncipe bailaron toda la noche.)
Cinderela and de prins dansd ol nait.

BUT HER GODMOTHER HAD SAID:
(Pero su madrina le había dicho:)
Bot jer godmóder jad sed:

"RETURN HOME BEFORE TWELVE O'CLOCK!"
("¡Regresa a casa antes de las doce!")
"Ritérn joum bifór tuelf oclóc!"

210

SO CINDERELLA HAD TO RUN DOWN THE STAIRS
BEFORE IT WAS TOO LATE.
(Así que Cenicienta tuvo que correr escaleras abajo antes de
que fuera demasiado tarde.)
Sou Cinderela jad tu ron daun de sters bifór it was tu leit.

BUT SHE LOST ONE CRYSTAL SLIPPER!
(¡Pero perdió una zapatilla de cristal!)
Bot shhi lost uan crístal slíper!

THE PRINCE PICKED IT UP AND USED IT TO FIND
CINDERELLA AGAIN.
(El príncipe la recogió y la usó para encontrar a Cenicienta
otra vez.)
De prins pikd it op and iusd it tu faind Cinderela aguén.

THEY GOT MARRIED AND LIVED HAPPILY EVER AFTER!
(¡Se casaron y vivieron felices por siempre!)
Dei got marrid and livd jápili ever after!

VOCABULARY

VOCABULARIO

	Traducción	Pronunciación
Cinderella	Cenicienta	*Cinderela*
was	era	*was*
a	una	*a*
lovely	adorable	*lovli*
girl	joven/niña	*guerl*
but	pero	*bot*
wicked	malvada	*wíked*
stepmother	madrastra	*stepmóder*
receive	recibir	*riciv*
invitation	invitación	*invitéishhon*
ball	baile	*bol*
palace	palacio	*pálas*
dress	vestido	*dres*
fairy godmother	hada madrina	*feiri godmóder*
help	ayudar	*jelp*
gave (pasado de give)	dio	*gueiv*
wonderful	maravilloso	*wónderful*
crystal	cristal	*crístal*
slippers	zapatillas	*slípers*
met (pasado de meet)	conoció (a alguien)	*met*
dance	bailar	*dans*
night	noche	*nait*
return	regresar	*ritérn*

	Traducción	**Pronunciación**
home	casa/hogar	*joum*
before	antes	*bifór*
stairs	escaleras	*sters*
late	tarde	*leit*
too	demasiado/también	*tú*
again	otra vez	*aguén*
pick up	recoger	*pic op*
find	encontrar	*faind*
got married	se casaron	*got marrid*
live	vivir	*liv*
ever	siempre	*ever*
after	después	*after*
then	entonces	*den*
it was	fue	*it was*
did (pasado de do)	(verbo auxiliar)	*did*
happen	suceder/pasar	*jápen*
the	el/la/los/las	*di*
end	fin	*end*

PRACTICE

PRACTICA

PRONUNCIACION

WHO IS CINDERELLA?
(¿Quién es Cenicienta?)

Jú is Cinderela?

CINDERELLA IS A STORY
(Cenicienta es un cuento)

Cinderela is a stori

ABOUT A LOVELY GIRL.
(acerca de una joven encantadora.)

abaut a lovli guerl.

WHAT DID SHE RECEIVE?
(¿Qué recibió?)

Juát did shhi riciv?

SHE RECEIVED AN
INVITATION TO A BALL.
(Recibió una invitación
a un baile.)

*Shhi ricivd an invitéishhon
tu a bol.*

DID SHE HAVE A DRESS
FOR THE BALL?
(¿Tenía vestido para el
baile?)

*Did shhi jav a dres
for de bol?*

NO, SHE DID NOT
HAVE A DRESS.
(No, no tenía vestido.)

Nou, shhi did not jav a dres.

WHO HELPED HER?
(¿Quién la ayudó?)

Jú jelpd jer?

HER FAIRY GODMOTHER.
(Su hada madrina.)

Jer feiri godmóder.

214

PRONUNCIACION

SHE GAVE CINDERELLA A
WONDERFUL DRESS AND
CRYSTAL SLIPPERS.
(Le dio a Cenicienta un
maravilloso vestido y
zapatillas de cristal.)

*Shhi gueiv Cinderela a
wónderful dres and crístal
slípers.*

WHO WAS AT THE BALL?
(¿Quién estaba en
el baile?)

Jú was at de bol?

THE PRINCE WAS AT
THE BALL.
(El príncipe estaba en
el baile.)

De prins was at de bol.

DID HE DANCE
WITH CINDERELLA?
(¿Bailó con Cenicienta?)

Did ji dans wid Cinderela?

YES, HE DANCED ALL
NIGHT WITH HER.
(Sí, bailó con ella toda
la noche.)

Yes, ji dansd ol nait wid jer.

WHAT DID THE FAIRY
GODMOTHER
TELL CINDERELLA?
(¿Qué le dijo el hada
madrina a Cenicienta?)

*Juát did de féiri
godmóder tel Cinderela?*

215

SHE SAID: "RETURN HOME
BEFORE TWELVE O'CLOCK".
(Le dijo: "Regresa a casa antes
de las doce".)

*Shhi sed: "Ritérn joum
bifór tuelf oclóc".*

WHAT DID CINDERELLA
LOSE WHILE SHE RAN
DOWN THE STAIRS?
(¿Qué perdió Cenicienta
mientras corría escaleras
abajo?)

*Juát did Cinderela lus
juaíl shhi ran dáun
de sters?*

PRONUNCIACION

SHE LOST HER
CRYSTAL SLIPPER.
(Perdió su zapatilla de cristal.)

Shhi lost jer crístal slíper.

WHO PICKED IT UP?
(¿Quién la recogió?)

Jú pikt it op?

IT WAS THE PRINCE.
(Fue el príncipe.)

It was de prins.

DID HE FIND CINDERELLA
AGAIN?
(¿Encontró a Cenicienta
de nuevo?)

*Did ji faind Cinderela
aguén?*

YES, HE DID.
(Sí, lo hizo.)

Yes, ji did.

WHAT HAPPENED THEN?
(¿Qué pasó entonces?)

Juát jápend den?

THEY GOT MARRIED
(Se casaron)

Dei got marrid

AND LIVED HAPPILY
EVER AFTER.
(y vivieron felices por
siempre.)

and livd jápili ever after.

THE END
(El Fin)

Di end

217

THE MARKET

EL MERCADO

MY MOTHER GOES TO
THE MARKET TODAY.
(Mi mamá va al mercado hoy.)

*Mai móder gous tu de
márket tudéi.*

I WILL GO WITH HER.
(Yo iré con ella.)

Ai wil gou wid jer.

IN THE MARKET YOU
BUY FOOD.
(En el mercado se
compra comida.)

In de márket yu bai fud.

THERE ARE FRUITS
AND VEGETABLES,
(Hay frutas y verduras,)

Der ar fruts and véchtabols,

MEAT, FISH AND CHICKEN.
(carne, pescado y pollo.)

Mit, fish and chíken.

I CAN SEE TOMATOES,
(Puedo ver jitomates,)

Ai can sí toméitous,

PRONUNCIACION

PEARS, BANANAS
AND ORANGES,
(peras, plátanos y naranjas,)

pers, bananas and óranches,

GRAPES, WATERMELON,
APPLES,
(uvas, sandía, manzanas,)

greips, wótermélon, ápols,

POTATOES, ONION, GARLIC,
(papas, cebolla, ajo,)

potéitos, ónion, gárlic,

CELERY, LETTUCE, CABBAGE,
(apio, lechuga, col,)

céleri, létius, cábach,

PINEAPPLE, STRAWBERRIES,
MANGOES,
(piña, fresas, mangos,)

painápol, stróberris,
mángous,

PRONUNCIACION

GRAPEFRUIT, MELON,
TANGERINES,
(toronja, melón, mandarinas,)

greipfruit, mélon, tányerins,

CAULIFLOWER, COURGETTES,
CARROTS,
(coliflor, calabacitas,
zanahorias,)

*cóliflauer, curyéts,
cárrots,*

PEACHES AND DIFFERENT
KINDS OF CHILE.
(duraznos y diferentes
clases de chile.)

*píches and diferent
cainds of chile.*

ALSO THERE IS BEEF, LAMB
AND RABBIT IN THE
MEAT SECTION.
(También hay res, borrego y
conejo en la sección de carnes.)

*Olsou, der is bif, lamb
and rábit in de
mít sécshhon.*

THERE IS A SPECIAL PLACE
WHERE THEY SELL FLOWERS.
(Hay un lugar especial donde
venden flores.)

*Der is a speshhal pléis
juer dei sel fláuers.*

THERE ARE DAISIES, ROSES,
CRANESBILLS,
(Hay margaritas, rosas,
geranios,)

*Der ar déisis, rouses,
créinsbils,*

221

PRONUNCIACION

JASMINES, VIOLETS AND
FORGET-ME-NOTS.
(jazmines, violetas y
nomeolvides.)

*yásmins, váiolets, and
forguet-mí-nots.*

I PERSONALLY LIKE THAT
SECTION BEST OF ALL.
(A mí personalmente me
gusta esa sección más que todas.)

*Ai personali laic dat
sécshhon best of ol.*

VOCABULARY

VOCABULARIO

	Traducción	Pronunciación
market	mercado	*márket*
today	hoy	*tudéi*
to	a	*tu*
buy	comprar	*bai*
food	comida	*fud*
fruits	frutas	*fruts*
vegetables	vegetales	*véchtabols*
meat	carne	*mít*
fish	pescado	*fish*
chicken	pollo	*chíken*
tomatoes	jitomates	*toméitous*
pears	peras	*pers*
bananas	plátanos	*bananas*
oranges	naranjas	*óranches*
grapes	uvas	*greips*
watermelon	sandía	*wotermélon*
apple	manzana	*ápol*
potatoes	papas	*potéitos*
onion	cebolla	*ónion*
garlic	ajo	*gárlic*
celery	apio	*céleri*
lettuce	lechuga	*letus*
cabbage	col	*cábach*
pineapple	piña	*painápol*
strawberries	fresas	*stróberris*
mangoes	mangos	*mángous*

	Traducción	**Pronunciación**
grapefruit	toronja	*greipfruit*
melon	melón	*mélon*
tangerines	mandarinas	*tányerins*
cauliflower	coliflor	*cóliflauer*
courgettes	calabacitas	*curyéts*
carrots	zanahorias	*cárrots*
peaches	duraznos	*píches*
kinds	tipos	*cáinds*
beef	res	*bif*
lamb	cordero	*lamb*
rabbit	conejo	*rábit*
place	lugar	*pleis*
where	donde	*juér*
sell	vender	*sel*
flowers	flores	*fláuers*
daisies	margaritas	*déisis*
roses	rosas	*róuses*
cranesbills	*geraniums*	*yeréiniums*
jasmines	jazmines	*yásmins*
violets	violetas	*váiolets*
forget-me-nots	no-me-olvides	*forguét-mí-nots*
personally	personalmente	*pérsonali*
best	lo mejor, más que	*best*
like	gustar	*laic*
I like...	Me gusta...	*Ai laic...*
section	sección	*sécshhon*

PRACTICE

PRACTICA

PRONUNCIACION

WHO GOES TO THE MARKET?
(¿Quién va al mercado?)

Jú gous tu de márket?

MY MOTHER AND I.
(Mi mamá y yo.)

Mai móder and Ai.

WHAT DO YOU BUY IN
THE MARKET?
(¿Qué compran en el mercado?)

*Juát du yu bai iŋ de
márket?*

WE BUY FRUIT AND
VEGETABLES.
(Compramos fruta y verdura.)

*Wi bai frut and
véchtabols.*

ARE THERE TOMATOES IN
THE MARKET?
(¿Hay jitomates en el mercado?)

*Ar der toméitous in
de márket?*

YES, THERE ARE.
(Sí, los hay.)

Yes, der ar.

WHAT COLOR ARE CARROTS?
(¿De qué color son las zanahorias?)

Juát cólor ar cárrots?

CARROTS ARE ORANGE.
(Las zanahorias son anaranjadas.)

Cárrots ar óranch.

DO THEY SELL MEAT IN
THE MARKET?
(¿Venden carne en el mercado?)

*Du dei sel mít in
de márket?*

PRONUNCIACION

WHAT KIND OF MEAT?   *Juát caind of mít?*
(¿Qué clase de carne?)

THEY SELL BEEF, LAMB   *Dei sel bif, lamb*
AND RABBIT.   *and rábit.*
(Venden res, cordero y conejo.)

DO YOU FIND FISH IN   *Du yu faind fish in*
THE MARKET?   *de márket?*
(¿Encuentras pescado en
el mercado?)

YES, YOU DO.   *Yes, yu du.*
(Sí, lo encuentras.)

WHAT ELSE DO THEY SELL?   *Juát els du dei sel?*
(¿Qué más venden?)

THEY SELL FLOWERS.   *Dei sel fláuers.*
(Venden flores.)

SUCH AS?   *Soch as?*
(¿Tales como?)

SUCH AS ROSES AND DAISIES.   *Soch as rouses*
(Tales como rosas y margaritas.)   *and déisis.*

DO YOU LIKE FLOWERS?   *Du yu laic fláuers?*
(¿Te gustan las flores?)

YES, I LIKE THEM VERY MUCH.   *Yes, ai laic dem*
(Sí, me gustan mucho.)   *veri moch.*

226

CHRISTMAS

NAVIDAD

TODAY IS DECEMBER 24TH.
(Hoy es 24 de diciembre.)
Tudéi is Dicémber de tuentiford.

I AM VERY EXCITED.
(Estoy muy emocionado.)
Ai am veri exáited.

WE ARE HAVING A PARTY TONIGHT
(Tendremos una fiesta esta noche)
Wi ar jáving a párti tunáit

BECAUSE TONIGHT IS CHRISTMAS EVE.
(porque esta noche es la Noche de Navidad.)
Bicós tunáit is Crísmas Iv.

ALL MY FAMILY WILL BE HERE.
(Toda mi familia estará aquí.)
Ol mai fámili wil bi jíer.

MY MOTHER AND MY SISTER WILL COOK SOMETHING SPECIAL.
(Mi mamá y mi hermana cocinarán algo especial.)
Mai móder and mai síster wil cuk sómthing speshhal.

DO YOU LIKE "ROMERITOS"?
(¿Te gustan los "romeritos"?)
Du yu laic "romeritos"?

I DO.
(A mí, sí.)
Ai du.

WE WILL ALSO HAVE TURKEY
(También tendremos pavo)
Wi wil olsou jav térki

AND TURKEY BROTH!
(¡y caldo de pavo!)
and térki broth!

MY AUNT JULIA PROMISED TO BRING A CAKE.
(Mi tía Julia prometió traer un pastel.)
Mai ant Yulia prómisd tu bring a keik.

I ALSO HELPED FOR THE PARTY.
(Yo también ayudé para la fiesta.)
Ai olsou jélpd for de párti.

I SET UP THE NATIVITY SCENE.
(Yo puse el Nacimiento.)
Ai set op de Natíviti sín.

MY FATHER SET UP THE CHRISTMAS TREE.
(Mi papá puso el árbol de Navidad.)
Mai fáder set op de Crísmas tri.

THE HOUSE LOOKS BEAUTIFUL.
(La casa se ve preciosa.)
De jáus luks biutiful.

THE PRESENTS WILL BE PUT UNDER THE TREE.
(Los regalos se pondrán bajo el árbol.)
De présents wil bi put ónder de trí.

I HOPE I GET SOME CANDY.
(Yo espero recibir algunos dulces.)
Ai joup ai guet som cándi.

BEFORE DINNER
(Antes de cenar)
Bifór díner

WE WILL GO TO CHURCH.
(Iremos a la iglesia.)
Wi wil gou tu cherch.

VOCABULARY

VOCABULARIO

	Traducción	Pronunciación
today	hoy	*tudéi*
december	diciembre	*dicémber*
I am	estoy	*ai am*
very	muy	*veri*
excited	emocionado	*exáited*
party	fiesta	*párti*
because	porque	*bicós*
Christmas	Navidad	*Crísmas*
Eve	Noche	*Iv*
Will cook(futuro de cook)	cocinarán	*wil cuk*
something	algo	*sómthing*
special	especial	*speshhal*
Do you like?	¿Te gustan?	*Du yu laic?*
aunt	tía	*ant*
turkey	pavo, guajolote	*térki*
also	también	*olsou*
set up	poner	*set op*
Nativity Scene	Nacimiento	*Natíviti Sín*
Christmas Tree	Arbol de Navidad	*Crísmas Tri.*
house	casa	*jáus*
presents	regalos	*présents*
hope	esperar, anhelar	*joup*
before	antes de	*bifór*
church	iglesia	*cherch*

PRACTICE

PRACTICA

PRONUNCIACION

WHAT DO YOU CELEBRATE TONIGHT?
(¿Qué celebran esta noche?)
Juát du yu celebreit tunáit?

TONIGHT WE CELEBRATE CHRISTMAS EVE.
(Esta noche celebramos la Noche de Navidad.)
Tunáit wi celebreit Crísmas Iv.

WILL YOU HAVE A PARTY?
(¿Tendrán una fiesta?)
Wil yu jav a párti?

YES, WE WILL HAVE A PARTY.
(Sí, tendremos una fiesta.)
Yes, wi wil jav a párti.

ANYTHING SPECIAL FOR DINNER?
(¿Algo especial para la cena?)
Enithing speshhal for díner?

YES, ROMERITOS AND TURKEY.
(Sí, romeritos y pavo.)
Yes, romeritos and térki.

ALSO A CAKE.
(También un pastel.)
Olsou a keik.

WHO WILL BRING THE PRESENTS?
(¿Quién traerá los regalos?)
Jú wil bring de présents?

PRONUNCIACION

EVERYBODY.
(Todo el mundo.)
Evribódi.

WHO SET THE CHRISTMAS TREE?
(¿Quién puso el árbol de Navidad?)
Jú set de Crísmas tri?

MY FATHER DID.
(Lo hizo mi papá.)
Mai fáder did.

WHO SET THE NATIVITY SCENE?
(¿Quién puso el Nacimiento?)
Jú set de Natíviti sín?

I DID.
(Yo lo hice.)
Ai did.

I SET UP THE NATIVITY SCENE.
(Yo puse el Nacimiento.)
Ai set op de Natíviti sín.

WHEN DO WE CELEBRATE CHRISTMAS?
(¿Cuándo celebramos Navidad?)
Juén du wi celebreit Crísmas?

IN THE WINTER.
(En el invierno.)
In de winter.

PRONUNCIACION

WHAT DO WE CELEBRATE IN CHRISTMAS?
(¿Qué celebramos en Navidad?)
Juát du wi celebreit in Crísmas?

WE CELEBRATE THE BIRTH OF JESUS.
(Celebramos el nacimiento de Jesús.)
Wi celebreit de berd of Yísus.

MI PRIMER VILLANCICO NAVIDEÑO

"Jingle Bells"
("Campanas Navideñas")

DASHING THROUGH THE SNOW
Dashing thru de snou
IN A ONE HORSE OPEN SLEIGH
in a uan jors oupen slei
OVER FIELDS WE GO
Ouver filds wi gou
LAUGHING ALL THE WAY.
lafing ol de wei.
BELLS ON BOB'S TAIL RING
Bels on Bobs teil ring
MAKING SPIRITS BRIGHT
meiking spirits brait
WHAT FUN IT IS TO RIDE AND SING
juát fon it is tu raid and sing
A SLEIGHING SONG TONIGHT.
a sleiguing song tunáit.
JINGLE BELLS, JINGLE BELLS,
Yingol bels, yingol bels,
JINGLE ALL THE WAY,
yingol ol de wei,

OH! WHAT FUN IT IS TO RIDE
Ou! juát fon it is tu raid
IN A ONE HORSE OPEN SLEIGH, HEY!
in a uan jors oupen slei, jei!
JINGLE BELLS, JINGLE BELLS,
Yingol bels, Yingol bels,
JINGLE ALL THE WAY... (se repite el coro)
Yingol ol de wei...

Traducción

A través de la nieve, en un trineo jalado por un caballo, vamos por los campos riendo todo el camino. Las campanas en la cola de Bob repiquetean poniéndonos de buen humor, qué divertido es pasear y cantar una canción de Navidad esta noche.

Suenen campanas suenen campanas suenen todo el camino, qué divertido es pasear en un trineo jalado por un caballo, etc.

NOTA: Esta es la misma canción que se enseña en español y que dice: "Campanas navideñas, de dulce y claro son, su canto luminoso, alegra el corazón, anuncias con tus voces heraldos de cristal, alégrense las almas que llegó la Navidad. Navidad, Navidad, hoy es Navidad, hoy es día de alegría y felicidad, Hey!

VOCABULARY

VOCABULARIO

	Traducción	**Pronunciación**
Jingle	suenen	*yingol*
bells	campanas	*bels*
dashing		
(gerundio de dash)	lanzándose	*dashing*
through	a través de	*thru*
snow	nieve	*snou*
sleigh	trineo	*slei*
horse	caballo	*jors*
open	abierto	*oupen*
over	sobre	*ouver*
fields	campos	*filds*
go	ir (vamos)	*gou*
laughing		
(gerundio de laugh)	riendo	*lafing*
all	todo	*ol*
way	camino	*wei*
Bob's tail (posesivo)	la cola de Bob	*Bobs teil*
ring	suenan	*ring*
making		
(gerundio de make)	haciendo	*meiking*
spirits	humor	*spirits*
bright	brillante	*brait*
what	qué	*juát*
fun	divertido	*fon*
it is	es	*it is*
to ride	pasear, montar	*tu raid*
and	y	*and*
sing	cantar	*sing*
song	canción	*song*
tonight	hoy en la noche	*tunáit*

MI SEGUNDO VILLANCICO NAVIDEÑO

SILENT NIGHT
(Noche de Paz)

"SILENT NIGHT
HOLY NIGHT
ALL IS CALM
ALL IS BRIGHT
ROUND YON VIRGIN MOTHER AND CHILD
HOLY INFANT SO TENDER AND MILD
SLEEP IN HEAVENLY PEACE
SLEEP IN HEAVENLY PEACE."

Traducción

"Noche silenciosa
Noche santa
Todo es calma
Todo brilla
A rededor de aquella Virgen Madre y el Niño
Infante Santo tan tierno y dulce
Duerme en paz celestial
Duerme en paz celestial."

Pronunciación

*"Sailent nait
Jouli nait
Ol is calm
Ol is brait
raund yon Viryin Móder and Chaild
Jouli ínfant sou ténder and maild
Slip in jévenli pís
slip in jévenli pís."*

NOTA: Esta canción se canta en español como sigue: "Noche de Paz, Noche de Amor, Celestial resplandor, ilumina el sencillo portal..."

VOCABULARY

VOCABULARIO

	Traducción	**Pronunciación**
Silent	Silenciosa	*Sáilent*
silence	silencio	*sáilens*
night	noche	*nait*
holy	santo	*jouli*
all	todo	*ol*
calm	calma	*calm*
bright	brillante	*brait*
round (igual que around)	alrededor	*raund*
Yon (término poco común)	aquella	*yon*
Virgin	Virgen	*Víryin*
child	niño	*chaild*
infant	infante	*ínfant*
tender	tierno	*ténder*
so	tan	*sou*
mild	dulce	*maild*
sleep	dormir, duerme	*slip*
heaven	cielo	*jéven*
heavenly	celestial	*jévenli*
peace	paz	*pís.*

TRUE OR FALSE
(VERDADERO O FALSO)
(juego)

Subraya verdadero o falso (TRUE o FALSE, respectivamente) en las siguientes preguntas:
(Esta vez no hay traducción, así que fíjate bien.)

1. Mexico City is in Africa.	TRUE	FALSE
2. Ducks and cats are animals.	TRUE	FALSE
3. I am learning English.	TRUE	FALSE
4. I live in a house.	TRUE	FALSE
5. The week has seven days.	TRUE	FALSE
6. Puppies like to play.	TRUE	FALSE
7. Winter is very warm.	TRUE	FALSE
8. I have one body.	TRUE	FALSE
9. You have two eyes.	TRUE	FALSE
10. In Mexico we speak Spanish.	TRUE	FALSE
11. Flowers are pretty.	TRUE	FALSE
12. Acapulco is near China.	TRUE	FALSE
13. Venus is a planet.	TRUE	FALSE
14. Children like to play.	TRUE	FALSE
15. I go to school.	TRUE	FALSE
16. The sky is yellow.	TRUE	FALSE
17. The milkman sells carrots.	TRUE	FALSE
18. I can see with my eyes.	TRUE	FALSE
19. Bananas are blue.	TRUE	FALSE
20. I can speak English now.	TRUE	FALSE